2~6세 어린이를 위한

몬테소리 교구와 교육법

옮긴이 장혜경 : 연세 대학교 독어 독문학과를 졸업했으며 같은 대학 대학원 박사 과정을 수료했다. 독일 학술 교육처 장학생으로 하노버에서 잠시 공부했다. 현재 번역가로서 활동하고 있다. 『사랑, 그 딜레마의 역사』, 『오디세이 3000』, 『소유와의 이별』, 『클라시커 50 디자인』, 『강한 여자의 낭만적 딜레마』, 『오노 요코』 등을 옮겼다.

2~6세 어린이를 위한
몬테소리
교구와 교육법

1판 1쇄 인쇄일 2005년 5월 17일 | 1판 1쇄 발행일 2005년 5월 25일 | 지은이 헬가 비브리허 · 호르스트 슈파이헤르트 | 옮긴이 장혜경 | 펴낸이 이미자 | 펴낸곳 도서출판 밝은누리 | 출판 등록 1994년 10월 28일 | 등록 번호 제 16-1010호 | 주소 서울특별시 관악구 봉천3동 7-186 2층 | 전화 02) 884-8459(대표) | 팩스 02) 884-8462 |

값 9,000원
잘못된 책은 구입하신 곳에서 바꿔 드립니다.
ISBN 89-8100-086-7 03370

2~6세 어린이를 위한

몬테소리

교구와 교육법

헬가 비브리허 · 호르스트 슈파이헤르트 공저 ㅣ 장혜경 옮김

밝은누리

차례

부모님께 드리는 글 17

이탈리아인들은 위대한 의사이자 교육가인 몬
테소리를 기리기 위해 매일 주고받는 화폐에
새겨 놓았다: 과거 1,000리라 화폐에 인쇄된
마리아 몬테소리의 초상

제1부

제1장
어린이를 위해 바친 일생 27

예외적인 교육가, 몬테소리   27

어머니: 레닐데 스토파니   30

어린 시절   32

학창 시절   36

기술 학교   39

방향 전환: 의학 박사   41

"마음속의 공허"   42

할 일 많은 젊은 여의사,
    여성 문제에 투쟁하는 여자   44

아이들과의 만남   45

스쿠올라 마기스트랄레 오르토프레니카:
    정신 지체아 모델 학교   49

교육학과 인류학 공부   51

제2장
카사 데이 밤비니 - 최초의 어린이 집 53
놀라운 반복 또는 몬테소리 효과 54
현실 인식 56
자유로운 선택과 질서 58
아이들을 조용하게 만드는 방법 60
아이들을 관찰하고 이해하다 62
자의식과 책임감 64
읽기를 배우다 65
자발적인 글쓰기 67
준비된 환경 68
상과 벌 70
규율 71
교사의 인성 73

제2부
제3장
몬테소리와 현대 심리학 81
시대를 앞서 간 여성 81
발달의 동력 85
행동하는 학습: 만스케, 레온체프, 피아제 88
행동하는 학습 - 손은 뇌의 전초병 89
행동하는 학습 - 클라우시와 나눗셈 90
마리아 몬테소리의 행동하는 학습 92
환경의 의미 96
민감기 99
성과 확인 105

제4장
피아제와 몬테소리 109
인식과 활동의 체계화 109
부연 설명: 교육학자들의 구조 112
동화 114
적응 115
반복 117
지각기 119
조작기 120
의식적 학습과 무의식적 학습 122
몬테소리: 피아제와의 "조우" 125

제5장
아 동 과 몬 테 소 리 교 구 또 는 자 유 의 문 제 127

제3부
몬 테 소 리 교 구 의 비 밀 143
특징의 "분리"라는 주제에 관해 145

제6장
감 각 교 구 147
꼭지 원기둥 150
꼭지 없는 색 원기둥 153
빨간 막대 155
갈색 계단 157
분홍탑 159
구성 삼각형 161

이항식 정육면체 162

삼항식 정육면체 163

마리아 몬테소리가 말하는 여덟 가지 감각 164

색감 165

색판 166

입체 인식 감각 168

　기하 입체 170

　기하 도형 서랍장 171

　비밀 주머니 173

　씨앗 쟁반 175

촉각 176

　촉각판 176

　촉각 카드 177

　천 상자 179

온도 감각 180

　온각병 180

　온각판 180

중량 감각 181

　중량판 181

청각 183

　소리통 183

　음감벨 185

미각 187

　미각병 187

후각   189

   후각통과 후각 유리병   189

제7장
실제 생활 연습 191
잠금 장치가 달린 틀   195

손 씻기   196

구두 닦기   198

먼지 닦기   199

금속 닦기   200

꽃꽂이하기   201

상 차리기   202

정숙 훈련   203

선 따라 걷기   204

물 따르기   205

쌀 붓기   207

제8장
수학 교구 208
수막대(파란 빨간 막대)   212

모래 숫자판   213

숫자 카드와 수막대(파란 빨간 막대)   215

막대 상자와 막대   216

숫자와 칩   218

색 비즈 계단   219

금색 비즈 교구   221

세강 판 1   223

제9장

언어 교구 225

금속 꼭지 도형 226

모래 철자판 228

움직이는 알파벳 230

글쓰기 232

제4부

제10장

가정에서 몬테소리를 237

"나 혼자 할 거야!" 237

아동의 건축 계획과 "민감기" 240

우리는 모범 244

외부 조건 247

직접 교구 만들기 249

결론 250

참고문헌 252

옮긴이의 말 257

부록: 마리아 몬테소리 연보 260

아이들을 가르치고 있는 마리아 몬테소리:
1930년에 찍은 이 사진은 보기 드문 장면을 담고 있다. 그 당시에 그녀는 이미 유명한 교육가로서 수없이 많은 강연 일정에 쫓겨 전 세계를 돌아다녔기 때문이다.

부모님께 드리는 글

댁의 자녀를 몬테소리 교육 기관—유치원이나 놀이방 또는 학교—에 보낼까 고민 중이십니까?

몬테소리 교육법이라는 게 과연 무엇인지, 몬테소리 유치원에서는 어떤 것을 가르치는지 알고 싶으십니까?

댁의 자녀가 지금 몬테소리 기관에 다니고 있어 보다 더 자세한 정보를 원하십니까?

아이를 완벽하고 건강하며 강하고 지적이고 정서적으로도 안정되어 있으며 마음씨가 고우면서도 자신감과 책임감이 투철한 인간으로 키울 수 있는 현대식 교육법에 관심이 많으십니까?

그렇다면 마리아 몬테소리가 그 해답을 들려 드릴 겁니다.

이 책에서 우리는 마리아 몬테소리의 생애와 그녀의 아동 교육 원칙을 알려 드릴 것입니다. 그뿐만 아니라 마리아 몬테

소리의 깨달음이 그녀가 세상을 떠난 지금까지도 그 타당성을
인정받고 있으며, 심리학적으로도 교육학적으로도 입증되고
이해될 수 있다는 사실을 보여 드릴 것입니다.

이 책을 통해 여러분이 조금이나마 마리아 몬테소리를 이
해할 수 있기를 바랍니다. 또 그에 그치지 않고 댁의 자녀를
보다 잘 이해할 수 있기를, 더 나아가 한때 여러분 자신의
모습이었으며 아직까지도 여러분 안에 살아 숨쉬고 있는 "여
러분 속의" 아이를 보다 잘 이해할 수 있기를 바라는 마음입
니다.

이런 식으로 자녀의 학구열을 보다 정확하고 확실하게 이
해하게 된다면, 지금껏 이상해 보이던 (그래서 신경에 거슬리
던) 자녀의 태도를 수용하고, 필요한 경우 제재의 선을 명확
하게 그을 수 있을 것입니다.

열렬한 몬테소리 추종자인 엘리자베스 G. 하인슈토크
(Elisabeth G. Hainstock) 여사는 각 가정에서 마리아 몬테소리
교실을 마련하라고 권유하였습니다. 그리고 그에 관한 상세한
조언을 아끼지 않았습니다. 여사의 말을 직접 들어 봅니다.
"각 가정에서 부모님들이 자녀들을 몬테소리의 교육 방식에
따라 직접 가르친다면, 함께하는 배움의 시간은 흥분과 도전
의 체험이 될 수 있다. 그런 시간을 통해 부모님들은 자신의
자녀가 발전해 가는 모습을 관찰할 수 있을 것이며, 아이가 책
임 있고 생각할 줄 아는 인간으로 성장해 나가는 과정을 지켜
보실 수 있을 것이다" (하인슈토크, 7쪽).

하지만 우리는 하인슈토크 여사의 방법을 권하고자 하는 것

이 아닙니다.

이 책을 읽어 나가다 보면 여러분은 마리아 몬테소리의 방법에 따른 "수업"이란 있지도 않거니와 있을 수도 없다는 사실과 그 이유를 알게 될 것입니다.[1]

저희가 이처럼 야단법석을 떨지 말라고 권하는 이유는 아주 간단합니다. 마리아 몬테소리 시스템에는 **일상 생활 연습**(실제 생활 연습이라고도 부릅니다)이라는 것이 있습니다. 이것은 몬테소리 생전에도 그러했지만 오늘날에도 무시해 버리기 쉬운 아이들의 능력을 일깨워 주는 연습입니다. 부모님들이 서툴러서 혹은 여유 없이 조급하게 구는 바람에 실패하고 마는 것이지요.

사실 한 번이라도 조급한 마음을 갖지 않은 사람이 있겠습니까? 누구나 그런 경험이 있을 테지요.

이처럼 가정에서 개발시키기 힘든 능력을 몬테소리 학교에서 습득시켜 주기 위해 마리아 몬테소리는 다양한 교구를 개발했습니다.

이런 교구들이 **일상 생활 연습**에 어떻게 사용되는 것일까요?

구두 끈 끼우기와 구두 끈 묶기 연습을 위해 몬테소리는 구두 끈 틀을 개발하였습니다. 서랍 조용히 열고 닫기를 가르치기 위해 만든 서랍도 있습니다. 의자 나르기, 냅킨 접기, 상

---

1) 이에 관해서는 특히 다음의 단락들을 참조하십시오. 1. "아동과 몬테소리 교구 또는 자유의 문제" (127쪽), 2. "몬테소리 교구의 비밀" (143쪽), 3. "준비된 환경" (68쪽), 4. "교사의 인성" (73쪽)

차리기와 설거지하기, 손 씻기와 상 닦기, 바닥 청소하기, 은식기나 구두 닦기 등등도 가르칩니다.

이런 일상 생활을 가르치겠다고 집에다 '일부러 몬테소리 방을 설치할 필요가 있을까요? 그렇게 야단법석을 떨지 않더라도 부모의 의식과 태도가 변하기만 하면 되는 일입니다.

하지만 부모의 의식과 태도 변화는 어렵고도 시간이 많이 걸리는 과정입니다. 의식이라는 것이 하루 아침에 금방 변할 수 있다고 믿는다면, 정말 큰 오산일 겁니다.

그렇게 믿는다면, 부모 자신도 고통스러울 것이고 자녀들에게도 상처가 될 수 있습니다.

남편과 아내, 부모와 자식이 함께 살아가는 가족 안에서는 인내가 가장 필요한 덕목이며, 이런 덕목을 배우는 것은 바로 우리 자신에게서 시작되어야 합니다. 우리의 조급한 마음을 깨닫고 인정한 다음 인내심을 갖고 천천히 변화시켜 나갈 때 자녀와 배우자, 더 나아가 이웃들과 더불어 너그러운 마음으로 살아갈 수 있을 것입니다.

하지만 이런 과정이 말처럼 쉬운 것은 아닙니다. 현대 사회는 "빨리빨리"만 외치면서 속도를 능력으로, 성공의 지름길로 생각하기 때문입니다.

하지만 다시 한 번 강조하고 싶습니다. 몬테소리 학교의 일**상 생활 연습**을 자녀들에게 가르쳐 주겠다고 집 안에 몬테소리 방을 만드는 것은 아무 의미가 없습니다. 평온하고 차분하며 인내하는 마음 그리고 자녀에게 기꺼운 마음으로 선사할 수 있는 시간이 더 중요한 것이니까요.

그럼에도 불구하고 계속 하인슈토크 여사의 방법에 미련을 버리지 못하시는 분들이 있다면, 우리는 다시 한 번 분명하게 경고를 보냅니다. 그런 방법을 사용하는 부모는 **교육학의 함정**에 빠지기 쉽습니다.

한 가지 예를 들어 봅시다. 집에 몬테소리 방을 만들어 놓고 아버지가 아이들에게 서랍은 조용히 열고 닫아야 한다고 끈기 있게 가르칩니다. (몬테소리에 따르면 아이들이 아버지의 이런 가르침을 그대로 따를 것인지는 백 퍼센트 아이의 자유입니다. 절대로 강요해서는 안 됩니다.) 그래 놓고 아버지가 "실제 생활에서" 장갑을 찾겠다고 허겁지겁 쫓아 다니면서 서랍을 쾅 닫았다 열었다 합니다. "이 놈의 장갑이 어디 간 거야."라고 투덜거리면서 말입니다.

단추 열고 채우기 예를 한 가지 더 들어 봅시다. 나무 틀로 부모님과 함께 열심히 연습을 했습니다. 그래 놓고 막상 외출할 때는 엄마가 허둥지둥 아이의 외투 단추를 채워 주면서 "혼자 놔두면 세월 가는 줄 모른다니까……."라고 말합니다.

교구를 잔뜩 준비해 놓고 실제 생활이 이러하다면 어떻게 되겠습니까? 우리 주변에서 허다하게 일어나는 일들입니다.

이런 일들은 전문적인 몬테소리 교육자들에게 맡기십시오. 그 사람들은 훈련을 받은 전문가들이기 때문에 실수를 저지르지 않을 겁니다. 설사 그들의 교육이 효과를 발휘하지 못한다 하더라도 적어도 아이들이 부모를 믿을 수 없는 이중 인격자라고 생각지는 않을 테니까 말입니다…….

우리가 흔히 빠지기 쉬운 이런 **교육학의 함정**은 곳곳에 숨어 있습니다. 내로라하는 교육가들도 그런 함정에 빠지지 않는다는 보장이 없습니다.

그러므로 우선 몬테소리 방법을 완벽하게 이해하는 작업이 필요합니다.

이 책의 **1부**는 위대한 여성 마리아 몬테소리의 활동을 소개할 것입니다. 특히 그녀가 교육 시스템의 기초를 발견하고 개발했던 그 시대를 소개할까 합니다.

2부에서는 그녀의 중요한 깨달음을 상세하게 조목조목 살펴볼 것입니다. 그 과정에서 최근의 심리학 이론을 잠시 거론하고, 마리아 몬테소리가 장 피아제의 개발 심리학이나 프레드 헤힝거(Fred Hechinger)의 학습 심리학 같은 중요한 후세의 교육 이론들을 뛰어난 직관력으로 이미 간파했었음을 밝혀 낼 것입니다. 또한 마리아 몬테소리가 21세기가 시작된 지금의 제도 교육보다도 훨씬 앞서 갔던 고독한 여성이었음을 다시 한 번 확인하게 될 것입니다.

3부는 마리아 몬테소리가 개발한 다양한 교구를 살펴보고, 그것의 중요성과 학습 심리학적 의미를 설명할 것입니다.

4부에서는 몬테소리 교육학의 원칙에 걸맞는 가정 교육 현장을 한 번 구상해 보겠습니다.

노년의 마리아 몬테소리: 유명한 몬테소리 교구 제작사이자 배급사인 네덜란드의 Fa. 니엔후이스 몬테소리(산업 공원 14, 7021 BL 젤헬름)가 제공한 사진이다. 누구든지 주문만 하면 이 사진을 구할 수 있다.

제1부

제1장
어린이를 위해 바친 일생

예외적인 교육가, 몬테소리

마리아 몬테소리는 어떤 사람이었을까?

어떤 일을 계기로 일생을 어린이들에게 바치자고 결심하게 되었을까?

마리아 몬테소리는 아이들이 태어날 때부터 가지고 나오는 "신의" 재능과 "우주의" 재능을 마음껏 펼칠 수 있는 조건을 마련하기 위해 일생을 쉬지 않고 일했다.

지칠 줄 몰랐던 그녀의 사명감과 힘은 도대체 어디서 나온 것이었을까?

마리아 몬테소리는 이탈리아 최초의 여의사이자 의학 박사였다. 오늘날의 여성들은 꿈도 꾸지 못할 수많은 난관을 이겨 낸 투쟁의 결실이었다. 그 당시에 여자가 의사가 된다는 것은 뛰어난 지능만으로는 어림도 없는 고난의 길이었다. 믿을 수 없을 만큼 강한 의지와 굽힐 줄 모르는 끈기가 필수 조건이었다.

그렇다면 마리아 몬테소리는 어떻게 하여 그런 조건들을 갖추게 되었을까? 우리가 알 수 있는 것은 그녀의 부모와 모자이크처럼 조각조각 남아 있는 그녀의 어린 시절 모습들뿐이다.

그마저 상당 수는 미국 〈뉴욕 매거진〉에서 오랫동안 활동했던 저널리스트 리타 크레이머(Rita Kramer) 덕분에 얻어진 것이다. 리타 크레이머는 3년 동안 마리아 몬테소리의 일생과 업적을 연구하였다. 그리하여 1975년 뉴욕의 한 출판사를 통해 460쪽이 넘는 그 결과물을 발표했다.[2]

전기적 사실에 관계되는 경우, 마리아 몬테소리의 저서를 제외하고는 주로 이 리타 크레이머의 건실한 책에 의존하였다. 독일의 정통 몬테소리 추종자들 중 일부가 이 책을 곱지 않은 시선으로 바라보고 있다는 사실을 굳이 숨기고 싶지 않다. 아마 너무 개인적인 부분, 다시 말해 미혼모였던 그녀의 과거와 아들 마리오에게 상당 부분을 할애했기 때문이 아닌가 한다.

물론 우리도 리타 크레이머의 의견을 전적으로 수용한 것은 아니다. 교육학적 해석과 관련된 경우 리타 크레이머의 견해는 전폭적인 수용이 불가능했다. 어떤 때는 1960년대 미국

---

2) 저널리스트인 리타 크레이머는 마리아 몬테소리에 관한 다른 전기 서적보다 훨씬 많은 정보를 캐내어 나름의 평가를 내렸다. 마리아의 아들 마리오 몬테소리, 손자인 심리 분석가 마리오 몬테소리 박사, 그의 부인인 아다 몬테소리와 수 차례에 걸쳐 인터뷰를 했으며 전 세계의 신문을 뒤져 마리아 몬테소리에 관한 기사를 찾아냈고 수많은 잡지의 논문을 조사했으며 당시의 증인들을 인터뷰했다.

과 유럽의 진보적 교육학보다 몬테소리의 정신을 더 이해 못
한 경우도 있었다. 물론 이들 1960년대 교육학 역시 마리아
몬테소리의 사상을 극히 일부만 수용하였다.

그럼에도 불구하고 리타 크레이머 책의 후기에는 정말 옳
은 말이 담겨 있다. "마리아 몬테소리는 과학적인 교육학을 정
립하겠다는 뜻을 품고 있었다. 그녀는 학교를 준비된 환경으
로 정의하였다. 감각을, 나아가 사고를 자극함으로써 아이들
을 인식에서 출발하여 지적인 능력과 지식으로 뻗어 나가도록
만들기 위해, 자신의 결점을 스스로 고쳐 나가도록 단계적으
로 자극해 주는 교구를 접하는 가운데 천부적인 재능이 장애
없이 자연스럽게 개발되어 나가면서 자유롭게, 자기 속도에 맞
춰 발전할 수 있는 그런 환경으로 보았던 것이다"(438쪽).

이 글만 보면 크레이머 여사는 몬테소리의 교육 이념을 잘
이해했던 것 같다. 하지만 그렇지 않다는 증거가 그 뒤에 이
어지는 문장이다. "마리아 몬테소리의 빛나는 업적은 그녀의
'학문'이 아니다. 아이들의 교육에 도움을 주는 새로운 방법
과 교구 개발을 주도했던 그녀의 직관이었다."

아니, 그렇지 않다. 우리는 마리아 몬테소리의 교육 방법과
인식을 가장 중요한 것으로 손꼽고 있다.

하지만 그것을 추상적으로 이해할 것이 아니라 "올바르게"
실천하는 것이 더 중요한 것임은 두말할 나위 없을 것이다.

그리고 이런 올바른 실천은 리타 크레이머처럼 "열린 교실"
이나 "널리 보급된 학습 놀이"를 몬테소리의 성과라고 떠벌리
고 다닌다고 되는 일이 아니다.

물론 그렇다고 해서 리타 크레이머의 저서가 가치 없는 것이라고 말하려는 건 아니다. 그녀의 책이—제대로 읽는다면—마리아 몬테소리를 이해하는 데 도움이 될 만한 여러 가지 자료들을 수록하고 있기 때문이다.

어머니: 레닐데 스토파니

처음의 질문으로 되돌아가 보자. 마리아 몬테소리의 철저한 사명감과 지칠 줄 모르는 힘은 어디서 나온 것일까?

그녀의 어머니를 살펴보면 그 비밀의 해답을 찾을 수 있을지도 모른다.

레닐데 스토파니는 1840년, 북이탈리아의 소도시 키아라발레에서 지주의 딸로 태어났다. 키아라발레는 "담배를 재배하여 가공하던 에시노 강변 비옥한 계곡에 자리한 작은 도시였다. 담배 말고도 곡식과 포도, 올리브 등을 재배하였고 유리, 도자기, 가죽 제품 공장들이 즐비하였기에, 지주와 농민들 외에 수공업자와 소기업 사장들을 흔히 볼 수 있었다"(크레이머, 26쪽).

우리가 알고 있는 레닐데 스토파니는 교육을 많이 받았고 책 읽기를 즐겼으며 진보적인 여성이었다. 당시 싹트고 있던 이탈리아의 민족 의식과 자유, 통일의 이상을 신봉하였다. 크레이머의 말을 빌리면 "불타는 애국자"였다고 한다. 레닐데의 어머니에 대해서는 남아 있는 기록이 없다. 하지만 레닐데 스토파니가 당시 북이탈리아 소도시 지주의 딸이라는 틀을 과감히 부수고 나온 여성이라는 추측은 해 볼 수 있겠다. 그녀에게는 아저씨가 한 명 있었다. 안토니오 스토파니라는 이름의 사제이자 지리학자로서 밀라노 대학의 교수를 지내기도 했다. 자연 과학자로도 이름을 날렸다.

그는 "수많은 학술서를 집필했을 뿐 아니라 시인이기도 했다. 또한 자유주의 성향의 잡지를 창간하여 자연 과학의 정신을 종교 정신과 조화시키려 노력하였다"(크레이머, 27/28쪽).

하지만 그보다 더 큰 업적은 교회가 신민족주의 정부와 손잡도록 애를 썼다는 점이었다.

1870년에 이탈리아는 통일이 되었다. 가톨릭 교회의 대부분은 이를 저지하려고 노력하였다. 그래서 성직자들이 통일 후의 신정부에 맞서 투쟁하고 있던 상황이었다.

안토니오 스토파니가 1891년에 세상을 떠나자, 밀라노 대학은 그를 기리는 기념물을 세웠다.

레닐데 스토파니의 자유 정신과 교육열의 뿌리가 어디에 있든, 1865년에 알레산드로 몬테소리라는 이름의 재무부 회계 검사관이 담배 공장의 납세 현황을 살피기 위해 키아라발레로 왔을 무렵, 그녀의 주변 상황은 안토니오 스토파니의 투쟁과 무관하지 않았을 것이다.

알레산드로 몬테소리는 1848년 오스트리아와의 해방 전쟁에 참전하여 그 공로로 1년 후 훈장을 받았다. 당시의 상류층이 그랬듯 그 역시 반교회적이고 자유주의적이며 애국적인 인물로 수사학과 산술을 공부했다.

리타 크레이머의 말에 따르면 "그는 상당히 혁명적인 꿈과 기억을 품고 있었음에도 시민적인 관리 계층의 일원이 되었다"(크레이머, 26쪽). 물론 당시의 통일을 갈구하던 신생 국가의 관리들이 성직자 계급의 권력과 소국 분립주의의 무력함에 맞서 싸운 혁명적인 인재들이었음을 잊어서는 안 된다. 그러므로 21세기의 나태한 관리의 이미지를 떠올려서는 안 될 것이다.

레닐데 스토파니가 재무부 관리 알레산드로 몬테소리와 결혼한 것—결혼식은 1866년 봄에 열렸다—은 그가 여기저기를 떠도는 직업이었다는 사실과도 무관하지 않을 것이다. 그녀는 호기심 많은 처녀였고, 답답한 키아라발레를 떠나고 싶은 욕망을 느끼고 있었다. 그녀의 이런 소망은 결혼 직후 곧바로 이루어졌다. 1867년에서 1868년까지 부부는 베네치아에서 살았다. 알레산드로가 그곳의 회계 검사관이 되었기 때문이었다.

어린 시절

1869년에 두 사람은 키아라발레로 돌아갔고 그곳에서 마리아 몬테소리가 태어났다. 해방된 여성 레닐데의 외동딸이었다.

아버지는 떠돌이 생활을 계속했다.

그리하여 두 차례에 걸쳐 근무지를 옮겼다.

1873년, 마리아가 세 살 되던 해에 피렌체로 이사를 간다.

또 1875년에 마지막으로 한 번 더 이사를 했다. 아버지가 일등 회계 검사관이 되어 로마로 불려 갔던 것이다. 알레산드로 몬테소리는 그곳에서 1891년 퇴직하던 해까지 근무했다.

두 번의 이사는 마리아에게 익숙한 환경과의 작별을 의미했다. 고통스러운 이별이 따랐고 그녀의 인생에서 중요한 역할을 했던 사랑하는 사람들을 잃어버렸음은 물론이다.

아쉽게도 이 두 번의 이사와 그것의 의미에 대해 구체적인 사항은 알 수 없다. 그에 관한 전기 자료가 전혀 남아 있지 않기 때문이다. 하지만 수많은 심리학 사례 연구를 통해 알 수 있듯 "이사는 마음에 상처를 남기는 법이다."[3]

그러므로 이 두 번의 이사와 그로 인해 친근한 환경과 주변 사람을 잃어버린 것은 마리아 몬테소리의 예민한 감수성의 뿌리로 생각해 볼 수도 있겠다.

또한 모든 몬테소리 기관에서 사용되고 있는 "준비된 환경"이라는 중요한 개념의 뿌리라고도 볼 수 있을 것이다. 그것은 모든 몬테소리 교육학에서 어느 정도 동일하게 설치되어 있다 (이 책의 68쪽을 참조할 것).

이사로 말미암은 그녀의 불안감이 가장 잘 반영된 것은 교육학자로서는 마리아 몬테소리가 처음으로 주목하였던 아동의 "질서 민감기"이다(이 책의 99쪽과 240쪽을 참조할 것).

---

3) "이사는 마음에 상처를 남긴다"는 빈의 심리학자 기젤라 게버의 책 제목이다. 그녀는 외교관의 아내로서 전 세계를 돌아다녔고 그 과정에서 이사 때문에 아이들에게 발생하는 문제점을 알게 되었다. 마침내 "정착"을 하게 된 후 그녀는 이사하는 것에 상처 입은 아이들의 치료에 깊은 관심을 기울여 많은 자료를 수집하였다. 중요한 친구나 환경을 자주 잃다 보면 신뢰감과 안정감이 손상을 입게 된다. 변화나 새로운 것에 대한 두려움, 과민함도 잦은 이사의 결과이다.

리타 크레이머가 들려주는 마리아 몬테소리의 어린 시절 이야기로 되돌아가 보자.

가족이 한 달 동안 휴가를 마치고 집으로 돌아왔을 때의 이야기이다. 어린 마리아가 배가 고파 먹을 것을 달라고 칭얼거렸다. 어머니는 집에 아무것도 없으니 기다려야 한다고 말했다. 그래도 마리아가 계속 칭얼거리자, 어머니는 부엌 장에서 한 달 된 빵 한 조각을 꺼내 주면서 "기다리지 않으려면 이걸 먹어!"라고 말했다(크레이머, 28쪽).

크레이머는 이 일화를 들려주면서 이런 해석을 덧붙였다. "어머니는 자녀에게 엄격한 규율이 필요하다고 생각했다." 그리고 다음 말도 있었다. "마리아네 집안에서는 오냐오냐하는 태도가 절대로 용납되지 않았다."

두 번째 문장은 맞는 말일 수도 있다. 오냐오냐하는 태도는 (병든 아이나 갓난아이를 제외하고는) 인간 관계 전반에서 용납될 수 없는 것이다. 하지만 이 일화를 "엄격한 교육"의 증거로만 볼 수는 없을 것이다.

그보다는 아이와 아이의 상황을 진지하게 받아들이는 태도라 보는 편이 옳겠다. 이는 몬테소리 교육학의 특징이기도 하다.

즉 어머니가 스스로를 허겁지겁 푸딩이나 만드는 노예로 전락시키지 않으면서도 배고픈 아이의 처지를 고려함으로써 자신의 존엄성만이 아니라 아이의 존엄성도 지켰던 것이다.

훗날 마리아 몬테소리가 일생 동안 약자와 가난한 사람들의 편에 섰던 것도 다 이런 어머니의 가르침 덕분이라고 이해할 수 있겠다.

어머니는 마리아에게 매일 가난한 사람들에게 나눠 줄 옷을 뜨게 하고 이웃의 곱사등이 아이와 산책을 하도록 했다.

이런 사실에서도 우리는 어머니의 교육관을 엿볼 수 있다. 마리아는 후세에 전해지지 않은 여러 상황에서도 이런 어머니의 교육관을 느끼고 체험했을 것이다. 어머니라는 존재가 딸에게 미치는 영향력을 생각해 볼 때 분명히 마리아 역시 그런 어머니로부터 많은 것을 배웠을 것이다.

마리아 몬테소리가 학교에 입학하기 전의 또 다른 일화를 살펴보자. "어린 마리아는 바닥이 더럽다 싶으면 정해진 숫자만큼 바닥 타일을 닦았다. 그 일을 재미있어 했던 것 같다. 이 일화는 훗날 몬테소리 학교의 '실제 생활 연습'을 상기시킨다"(크레이머, 29쪽).

그렇다. 더 나아가 이 일화는 몬테소리 교육학의 원칙을 상기시킨다.

몬테소리 교육학의 핵심이 될 유명한 문장, "나 스스로 하도록 도와주세요."를 떠올리게 하는 것이다. 이 문장을 조금 더 풀어 보면 "나 스스로 할 수 있는 조건을 만들어 주세요."라는 뜻으로 해석할 수 있겠다. 집안일을 철저히 하려고 스트레스를 받는 여성들과는 달리 마리아의 어머니는 딸에게 집안일을 시키는 데에 조급하지 않았다. 딸에게 참여할 수 있는, 함께 할 수 있는 여지를 주었다. 딸이 "스스로 할" 수 있는 조건을 만들어 주었던 것이다.

"그 일을 재미있어 했던 것 같다"고 크레이머는 앞에서 말했다.

이런 기쁨은 어디서 오는 걸까?

이 질문을 통해 우리는 몬테소리 교육학의 두 번째 중요한 원칙, 즉 응답 및 "성과 확인"의 원칙에 도달하였다(이 책의 105 ~106쪽을 참조할 것). 타일 닦기는 당시의 마리아나 보통의 아이들처럼 선입견이 없는 사람들에게는 만족감을 주는 일이다. 닦은 만큼 바닥이 깨끗해지므로 일의 성과가 금방 눈에 들어오기 때문이다. 다시 말해 정해진 "성과 확인"이 가능한 일이다.

준비된 환경의 모든 교구는 그런 정해진 "성과 확인"이 가능하다. 타일을 닦으면 더러움이 사라지면서 성과를 직접 눈으로 확인할 수가 있다. 거울처럼 반짝이는 타일에 자신의 모습을 비춰 볼 수도 있을 것이다.

학창 시절

여섯 살이 되던 해 마리아 몬테소리는 학교에 들어갔다.

그 사건은 어린 마리아에게 아주 중요한 체험이었을 것이다. 마리아 몬테소리의 저서 『아이들은 다르다(Kinder sind anders)』의 마지막 부분을 보면 그에 관한 구절이 나온다. 겉으로 보기에는 객관적인 서술인 듯하지만 아이들의 감정을 세세하게 묘사한 부분들에서 이 텍스트가 어린 마리아의 개인적인 체험에 바탕을 두고 있다는 사실이 역력하게 드러난다.

"학교는 아이에게('나에게'라고 읽을 수도 있다) 세상에서 가장 가혹한 장소이다. 무시무시하게 생긴 건물은 어른들을 위해 지어 놓은 듯한 인상을 준다. 모든 것이 어른에 맞추어 만들어져 있다. 창문, 문, 긴 복도, 하나같이 삭막한 교실……. 가족들은 아이(나)를 학교 건물의 문지방에 혼자 두고 떠난다……. 그러면 아이(나)는 두려움에 잔뜩 움츠러들어 울면서 단테의 『신곡』에 나오는 지옥의 문 위에 새겨진 구절을 읽는다. '나를 지나면 고통의 도시가 나올 것이다. 패배한 민족이 살고 있는 곳, 은총의 버림을 받은 민족이 살고 있는 도시로 이르게 될 것이다.'

위협하는 듯한 엄한 목소리가 아이(나)에게 수많은 낯 모를 친구들과 함께 안으로 들어오라고 명령한다. 그곳에서는 아이들을 처벌받아야 할 사악한 피조물로 본다. '너희 악령들이여, 저주를 받을지어다…….' 이제 아이들은 계속 엄중한 감시를 받으며 자기 의자에 앉아 있다. 못이 예수의 몸을 십자가에 붙들어 매어 놓았듯 두 손과 두 발은 꼼짝도 않고 가만있기 위해서 필요한 물건이다. 폭력을 쓰든 다른 방법을 쓰든 지식과 진리에 목마른 아이의 정서 속으로 선생님의 생각을 억지로 밀어 넣게 되면 멸시를 당한 이 어린 머리는 가시 면류관을 쓰고 있는 것처럼 피를 뚝뚝 흘리게 된다"(몬테소리, 『아이들은 다르다』, 301~303쪽).

가족이 학교 문 앞에서 아이에게 작별을 고하고, 감수성이 예민한 아이가 위협적인 낯선 세계에 자신의 운명을 맡기게 되는 취학의 상황이 생생하게 표현된 문장이다.

마리아는 수줍음이 많은 아이였다. 그리고 1학년 내내 바른 행실로 상을 받았다. 2학년 때에는 바느질과 기타 손재주로 상을 받았다. 그러나 그녀는 학교라는 장소를 좋아하지 않았다. 같은 반 친구 하나가 진급을 못했다고 울고 있는 걸 보고 마리아는 진급을 해 봤자 여기랑 똑같을 거라고 말했다고 한다.

이렇게 볼 때 학교와 학교의 학습 과정에 대한 그녀의 비판적인 태도(그녀는 "폭력을 쓰든 다른 방법을 쓰든 지식과 진리에 목마른 아이의 정서 속으로 선생님의 생각을 억지로 밀어 넣게 되면"이라고 표현했다.)가 훗날 어른이 된 이후에 형성된 것이라고 보기는 어렵다. 마리아 몬테소리가 들려준 또 다른 이야기를 살펴보자. 문학을 좋아했던 한 여선생님이 유명한 여성들의 생애를 외우라고 시켰다. 그리고 그들의 삶을 모범으로 삼으라고 요구했다. 그러자 마리아는 이렇게 대답했다고 한다. 미래의 학생들이 너무 불쌍하지만, 자기가 또 한 사람의 생애를 추가해야겠다고.

이 말은 작은 뇌에 지식을 억지로 쑤셔 넣는 교육에 대한 어린 마리아의 의도적인 공격이었다. 마리아 몬테소리가 단 한 번도 포기한 적 없었던, 자신의 심리학의 초석일 뿐 아니라 현대 학습 심리학 전체의 초석이라고 주장했던 인식 태도였다.

그녀는 학교 밖에서도—교양이 풍부했던 어머니의 뒤를 이어 자기가 원하는 책을 스스로 선택하여—많은 책을 읽었다. 더 나아가 그녀는 수학에 대한 열정을 불태웠다. 아버지가 수학과를 졸업했고 재무부 직원이었다는 사실을 생각하면 그리 놀랄 일도 아니었다.

손자 이야기를 들어 보면, 마리아는 극장에 갈 때도 수학책을 들고 가서 연극이 상연되는 동안 어두컴컴한 실내에서 읽었을 정도로 수학을 좋아했다고 한다.

기술 학교

열두 살이 되어 초등 학교를 마친 해, 마리아는 여느 여자 아이들과 달리 기술 학교에 진학하겠다고 결심했다. 어머니는 적극 찬성했지만 아버지는 딸이 평범한 인문계 고등 학교를 선택하지 않았다는 사실에 적잖이 당황했다.

그래도 1883년 가을에 마리아는 기술 고등 학교로 진학한다. 열세 살의 마리아 몬테소리는 **레기나 스쿠올라 테크니카 미켈란젤로 부오나로티**에 입학했다.

수학과 자연 과학에 대한 열정은 마리아 몬테소리의 저서에 많은 영향을 미쳤으며 확연한 흔적을 남겼다. 흔히 교육학 하면 명확하지 않은 사고 방식과 글 솜씨를 떠올린다. 하지만 몬테소리 교육학은 다르다. 아동에 대한 이해와 방법 면에서 특히 다른 교육학과 구별된다.

미국의 학습 심리학자인 로버트 F. 메이저(Robert F. Mager)는 일반 학교 교육을 다음과 같은 말로 비판하였다. "학교 교육이 이야기라면 우리는 그 이야기를 듣고 있을 수가 없을 것이다"(메이저, 1970년, 19쪽).

일반 학교 교육에서는 학습을 하는 아동을 위한 검증 가능한 목표가 부족하며, 어떠한 성과 확인도 없다.

앞에서 이미 언급했듯이 몬테소리 교육학의 모든 교구는 성

1887년의 마리아 몬테소리:
당시 17세로 레오나르도 다 빈치 기술 학교의 학생이었던 마리아는 인생의 전환점에 서 있었다. 수학과 자연 과학에 대한 열정으로 불타던 그녀는 어느 날 종이 바람개비를 들고 있는 아이를 팔에 안은 한 여자를 만난 후 불현듯이 의사가 되겠다는 희망을 품게 된다.

과 확인이 가능하기 때문에, 학습을 하는 사람은 항상 자신의 현 상황을 파악할 수 있다. 이는 어린 시절의 즐거웠던 경험—타일 닦기—이외에도 마리아 몬테소리의 자연 과학적인 사고에 크게 힘입었다. 하나는 다른 하나에게 영향을 줄 수 있는 것이다.

또한 마리아 몬테소리가 이해하려는 자세로 아이들을 관찰한 후 이를 철저하게 해석하고 평가하는 치밀함은 수학적이고 자연 과학적인 사고의 결과이다. 이런 점에서 그녀는 20세기가 낳은 또 한 사람의 위대한 교육가 장 피아제와 흡사하다. 장 피아제는 마리아 몬테소리가 개발하고 설명하고 자기 시스템의 기초로 삼았던 점들을 보다 세련된 방법으로 계승하고 증명했던 인물이다.

방향 전환: 의학 박사

리타 크레이머의 말에 따르면, 알레산드로 몬테소리는 여자가 교사는 될 수 있을지언정 엔지니어는 절대로 될 수 없다고 생각했던 사람이었다.

하지만 마리아가 엔지니어의 꿈을 포기하겠다고 말했을 때도 아버지는 안도의 한숨을 내쉴 수가 없었다. 딸이 주장한 미래의 꿈이 더욱 기가 막혔던 것이다. 딸은 의학을 공부해 의사가 되겠다고 말했다. 그런 꿈을 품게 된 계기는 무엇이었을까? 마리아의 친구 안나 마케로니의 말을 들어 보자. "그녀가 길에서 붉은색 종이 바람개비를 들고 있는 아이를 안은 한 여자를 우연히 보았답니다. 몬테소리 박사는 그 이야기를 몇 번이나 하면서 그 순간 결심하게 되었다고 했지요. 그 말을 할 때마다 그녀의 눈은 말로 표현하지 못할 것을 찾으려는 사람처럼 가늘어지면서 깊은 시선을 머금었습니다. 그리고 나면 '왜 그랬을까?' 하고 말하면서 특이한 손동작을 했지요. 그 동작은 우리가 알지 못할 목표로 우리를 이끌어 주는 이상한 일이 우리 내부에서 일어나고 있다는 암시였답니다"(스탠딩에서 재인용, 24쪽).

조금 전 우리는 마리아 몬테소리의 자연 과학적인 사고 방식을 강조했다. 그런데 여기서 그와 정반대되는 그녀의 모습이 등장한다. 중요한 결정을 내리는 순간 자신의 무의식을 깊이 신뢰하는 그녀의 모습이다.

그녀가 최종적으로 도달한 목표를 고려해 볼 때, 어머니가 붉은색 바람개비를 들고 있는 아이를 안은 장면은 믿을 만한 표지판이 된 셈이었다.

어쨌든 스무 살의 마리아는 레오나르도 다 빈치 기술 학교를 졸업한 후 1890년 가을에는 로마 대학에 입학하여 물리학, 화학, 자연 과학을 공부한다. 그리고 2년 후 시험에 합격하여 의학을 공부할 수 있는 자격을 획득하게 된다.

문제는 단 하나, 그녀가 여자라는 사실이었다.

20년이 지난 후 그녀는 한 인터뷰에서 당시 그녀가 교황 레오 8세에게 청원하여 이탈리아 최초의 여성 의대생이 될 수 있도록 허락을 받아 냈다고 했다.

"마음속의 공허"

첫 해부 시간은 충격적인 체험이었다. 1896년 박사 학위를 취득한 후 클라라라는 이름의 한 친구에게 보낸 편지에서 마리아는 "가슴 한가운데에 구멍이 뻥 뚫린 느낌"이 들었으며 "무릎이 후들거렸다"고 썼다.

그날 저녁 마리아는—아직 흥분이 가라앉지 않은 심정으로—부모님께 그 사실을 털어놓았다.

"아버지께서는 '억지로 해 봤자 소용없다. 넌 못할 거야.'라고 말씀하셨어. 어머니는 '애야. 너한테 안 좋을 것 같구나. 다시는 가지 마라.' 라고 하시더군. 나는 대답했지. '처음이잖

아요. 잊으시면 안 돼요. 처음이라는 걸…… 적어도 기절은 하지 않았잖아요.'"(크레이머, 50~52쪽)

만약 부모님이 야단을 치면서 억지로 참아야 한다고 강요했더라면, 상황은 달라졌을 수도 있다. 걱정스러운 마음에 공부를 중단하라고 충고한 것이 도리어 마리아 몬테소리가 마지막 남은 힘을 짜 내도록 만든 계기가 되었다.

남성의 분야에 도전한 유일한 여성이라는 이유 하나만으로 마리아는 항상 주목을 받았다. 마리아는 1894년에 의학상을 수상했으며 이듬해에는 치열한 경쟁을 뚫고 산토 스피리토 병원의 조교 자리를 얻어 냈다.

학위를 받기 전 반드시 치러야 하는 공개 강연에는 관중들이 구름 떼처럼 몰려들었다. 주제가 흥미로워서가 아니라 스캔들이 터질지도 모른다는 기대 때문이었다. 하지만 그런 일은 일어나지 않았다.

대신 이날의 강연은 아버지와 화해하는 계기를 마련해 주었다. 아버지는 아는 사람들한테 끌려 마지못해 강연장에 모습을 보였다. 수준 높은 강연이 끝나고 박수 갈채가 쏟아지자, 그 자리에 참석했던 많은 학자들이 알레산드로 몬테소리를 에워싸고 "그런 딸"을 가져서 정말 좋겠다고 탄복을 했던 것이다.

졸업 전 마지막 2년 동안 그녀는 소아과를 전공했다. 여기서도 아이들에 대한 그녀의 관심을 읽을 수 있다.

1896년 봄, 마리아 몬테소리는『추적 망상 연구에 관한 임상 기고』라는 주제로 학위를 받았다.

앞에서 살펴본 클라라에게 보낸 편지에서 그녀는 설명하고 있다.

"나는 유명 인사가 되었단다. 겉으로 보기엔 약하고 수줍지만 기절도 않고 시체를 관찰하고 만지고 시체에서 풍기는 악취도 잘 참아 내며 나체를 (나 같은 처녀가 남자들이 우글거리는 와중에 혼자서!) 들여다보지. 나는 뭘 봐도 놀라지 않아. 절대로…….

내가 유명한 건 내가 능력이 있거나 똑똑해서가 아니라 모든 일에 용감하고 침착해서야"(크레이머에서 재인용, 60쪽).

할 일 많은 젊은 여의사, 여성 문제에 투쟁하는 여자

마리아 몬테소리는—의대생들이 일자리 없이 빈둥거리던 시절에—할 일을 산더미처럼 쌓아 놓고 있었다.

학위를 수여한 시점과 거의 같은 시기에 『라이덴병이 기관지 천식에 미치는 영향』이라는 첫 번째 의학 연구 논문을 한 학술 잡지에 발표했다.

그리고 학위를 끝내자마자 바로 대학 부속 산 지오반니 병원에 조교로 채용되었다. 그와 동시에 개인 병원을 열었다.

여성 운동을 위해서도 노력을 아끼지 않았다. 마리아 몬테소리는 1896년 9월 말 베를린에서 개최된 국제 여성 회의에 파견할 이탈리아 대표로 만장 일치로 선출되었다.

그곳에서 두 차례에 걸친 그녀의 강연은 6백만 이탈리아 여성을 대표하여 로마 출신의 젊은 여의사가 거둔 개인적인 승리일 뿐 아니라 "이탈리아 여성의 우아함이 거둔 승리"였다.

그녀의 매력이 매사에 득이 되긴 했지만 마리아 몬테소리는 자신의 우아함이나 기품을 칭찬하는 기사를 보고 좋아하지 않았다. 그래서 이런 말을 했다고 한다. "…… 앞으로는 그 누구도 또다시 나의 마법을 칭송하지 못할 것이다. 나는 중대한 일을 할 것이다"(크레이머에서, 69쪽).

이탈리아로 돌아와서도 일은 그치지 않았다. 11월에는 산토 스피리토 병원의 외과 조교로 임명되었다.

게다가 여성 아동 병원에서도 가끔씩 일을 했으니 개인 병원과 지오반니 병원의 조교직을 포함하면 모두 네 군데에서 일을 한 셈이었다. 그뿐만 아니라 대학 정신 병원에서 연구 활동을 계속하여 학위를 받을 예정이었다.

1897년에 그녀는 정신 병원의 조교가 되었다. 그녀가 맡은 임무는 로마의 여러 정신 병원에서 대학 정신 병원에 적합한 환자를 찾아내는 일이었다.

아이들과의 만남

그 과정에서 그녀는 정신 박약아들을 자주 접했다. 그녀의 마음을 움직인 만남이었다.

언젠가 정신 박약아들이 죄수들처럼 수용되어 있는 방으로 안내받아 간 적이 있었다.

몬테소리의 말에 따르면, 그 방 안에는 정신 박약아들밖에 없었고, 그들은 먹고 잠자는 일말고는 아무 할 일이 없었다. 그래서 아이들은 멍하니 허공만 쳐다보고 있었다. 아이들을 감시하던 여자가 마리아에게 말하기를, 아이들이 밥을 먹고 나서 바닥에 떨어진 더러운 빵 부스러기를 서로 차지하려고 싸운다는 것이었다. 그 말을 하는 그녀의 얼굴에는 혐오의 표정이 가득했다. 그녀의 말을 들은 마리아 몬테소리는 빵 부스러기를 잡아 손으로 으깨어 입 안에 넣고 굴리는 아이들을 상상했다. 그리고 그들이 갇혀 있는 황량한 텅 빈 공간을 둘러보았다. 그 순간 아이들이 목말라 하는 대상은 빵이 아니라 경험이라는 생각이 들었다. 아이들 주변에는 감동을 주고 느낌을 줄 만한, 혹은 손과 눈을 사용해 볼 만한 대상이 아무것도 없었던 것이다(크레이머, 71/72쪽).

그녀는 아이들 몇을 병원으로 데려와 실험에 들어간다. 우선 정신 지체아와 그 교육에 관한 자료를 읽었다. 그 과정에서 두 사람의 프랑스 교육가, **장 마르크 가스파르 이타르**와 그의 제자인 **에두와르 세강**의 저서들을 발견하였다. 1812년에 태어난 세강은 정상적인 학교 교육을 "멍청이를 만드는 교육"이라고 보았다. 학교 교육이 오로지 인간의 기억력에만 호소할 뿐 나머지의 정신 능력은 오히려 저하시키기 때문이다. 그래서 그는 "개성 존중이 교사의 시금석이다."라는 말을 했다(크레이머, 75쪽).

그가 사용한 교구는 대부분 "성과 확인"이 가능한 것들이었다. 그러므로 아이들은 자신들이 "제대로" 했다는 것을 스스로 확인할 수 있었다. 그가 사용한 교구로는 판자 구멍에 딱 맞게 되어 있는 다양한 크기의 못, 기하 도형, 꿰도록 되어 있는 구슬, 색 있는 공, 공과 같은 색의 용기 등이 있다.

마리아 몬테소리가 나름의 관찰과 결론을 통해 필요하다고 생각했던 많은 부분은 세강이 만들고 제안했던 것들과 일치했다. 그리하여 그녀는 정신적 열등은 교육의 문제이지 의학의 문제가 아니라는 결론을 내렸다.

1897년과 98년에 걸친 겨울 학기 동안 그녀는 대학에서 교육학 강의를 듣기 시작했으며 지난 200년 동안의 주요 교육학 이론서들을 탐독하기 시작했다.

● 야곱 로드리게스 페레라: 1750년 보르도에 농아와 그 이웃, 친구들을 위한 열린 학교를 건립했다.

● 장 자크 루소: 그의 저서 『에밀』은 오늘날에도 널리 읽히는 고전이다.

● 요한 하인리히 페스탈로치: 1746년 생.

● 프리드리히 프뢰벨: 최초로 유치원을 설립했다. 이 유치원은 너무 "혁명적"이라는 이유로 프로이센 정부에 의해 폐쇄 조치 당했다.

이런 고전들을 읽어 본 결과 그녀는 정신 지체아 및 정신 장애아들을 위한 특수 학교를 건립해야 한다는 확신을 가지게 되었다. 1898년 그녀는 독서의 결과를 『사회의 폐해와 학문의 새로운 발견』이라는 제목으로 〈로마〉지에 발표하였고 그해 9월 투린에서 개최된 전국 교육학 대회에 참석하여 3,000명의 관중 앞에서 자신의 견해를 발표하였다. 그녀의 주제는 "정신 박약아"였다.

"마리아 몬테소리는 관중들에게 거듭 강조하였다. 세강이 1831년에 이미 '바보는 학습 능력이 없는 인간이 아니라 일반 교육 방법을 따라갈 능력이 없는 인간'이라는 사실을 밝혀 냈으며, 그가 개발한 정신 박약아 교육법이 전 서유럽, 영국, 미국 등지의 특수 학교에 적용될 수 있을 것이라고 말이다"(크레이머, 92쪽).

마리아 몬테소리가 주장한 내용은 그런 특수 학교의 건립이 전부가 아니었다. 프뢰벨의 사상을 받아들여 지체아의 교육을 담당할 교사 양성 코스 또한 필요하다고 주장했다(크레이머, 93쪽).

그녀의 프로그램을 살펴보면 그녀가 프뢰벨의 영향을 받았음을 확인할 수 있다("예를 들어 그들과 함께 정원을 산책하면서 색과 크기, 향기가 각기 다른 여러 종류의 꽃으로 그들의 시각과 후각을 자극할 수 있다.").

1899년 가을에 그녀는 당시 이탈리아에 있던 두 개의 여성 교사 양성 기관 중 하나인 **레기오 인스티투토 수페리오레 디 마기스테로 페미닐레**에서 위생학과 인류학을 강의하였다(크레이머, 106쪽). 여기서 실제 경험을 쌓고 또 교사진 및 학생들 (220명)과 많은 접촉을 함으로써 교육학의 역사와 방법에 대해 보다 폭넓은 시각을 획득하게 되었다.

스쿠올라 마기스트랄레 오르토프레니카 : 정신 지체아 모델 학교

1898년에 건립된 **전국 정신 지체아 교육 연맹**은 마리아 몬테소리가 여타 유명 인사들과 힘을 합하여 그녀의 목적을 달성하기 위해 매진했던 단체였다. 이 연맹은 1900년 로마에 정신 지체아를 보호하고 교육하게 될 교사 인력의 양성을 목표로 학교를 건립했다. 이 모델 학교(스쿠올라 마기스트랄레 오르토프레니카)는 교사(첫 해 64명)를 양성할 뿐 아니라 22명의 지체아들을 수용했다. 마리아 몬테소리가 이 학교 교장직을 맡아 달라는 제안을 수락했음은 물론이다. 여기서 그녀는 자신의 교육 이론에 결정적인 영향을 미친 관찰과 경험, 실험을 하게 된다. 그녀는 아이들을 직접 가르쳤고 또 교사들의 활동을 지도했다.

매일 아침 8시부터 저녁 7시까지 근무하면서 마리아 몬테소리는 교육학의 대가들에게서 배웠던 모든 내용을 시험하였으며 아이들의 반응을 꼼꼼히 기록하고 그로부터 결론을 이끌어 냈다. 훗날 그녀는 그 시절을 이렇게 회고하였다. "그 2년 동안 나는 교육학 분야와 친숙해졌다"(크레이머에서, 111쪽).

그녀는 세강의 교구들을 변형하는 한편 새로운 교구들을 개발했다. 이것이 몬테소리 교구의 기원이었다. 따뜻한 마음을 잃지 않으면서도 철저하게 아이들의 태도와 반응을 관찰하고 분석하며 또 그에 직감적으로 반응하면서, 마리아 몬테소리는 행동하는 학습에 필요한 교구를 개발하고 완성시켰다. 그 중 하나가 나무로 만든 정신 지체아용 알파벳 철자이다. 그녀는 아이들에게 나무 철자를 손으로 만지고 손가락으로 따라 써 보라고 가르쳤다. 그를 통해 아이들은 알파벳을 따라 모방해 칠판에 옮겨 적으려면 반드시 배워야 할 동작을 익힐 수 있었다. 얼마 안 가 여덟 살의 지체아 몇 명이 읽기와 쓰기 국가 시험에 응시하여 정상아들보다 우수한 성적으로 합격했다(크레이머, 112쪽).

그렇다면 이 방법을 정상아들에게 적용해 보면 어떨까? "모두가 우리 학교 바보 아이들의 발전에 탄복하고 있는 동안 나는 우리 나라 공립 학교 아이들이 정신 교육에서는 우리 학교의 정신 지체아와 비슷한 낮은 수준으로 처져 있는 이유를 찾아보았다!"(크레이머, 113쪽)

그리고 2년이 흘렀다.

마리아 몬테소리가 1년 6개월 후 이 모델 학교를 떠난 이유에 대해 리타 크레이머는 이렇게 설명한다. "그녀는 개인적인 이유에서 학교를 떠났다. 견딜 수 없게 되어 버린 관계와 상황을 벗어나기 위해서였다. 언제부턴가 그녀는 동료였던 몬테사노 박사와 친밀한 관계가 되었다. 이들의 관계는 애정으로 발전하여 그녀가 그의 아이를 임신하는 지경에 이르렀다"(크레이머, 114쪽).

리타 크레이머는 몬테사노 박사와의 관계가 한때의 불장난은 아닌 듯하다고 여겼다.

왜 두 사람이 결혼하지 않았는지는 불확실하다. 아들 마리오의 말에 따르면, 아버지의 가족, 특히 할머니가 두 사람의 결혼을 반대했다고 한다.

1898년 3월 31일, 마리오가 태어났다. 하는 일이 많았던 마리아가 임신 사실을 어떻게 숨길 수 있었는지는 아무도 모른다.

마리아 몬테소리는 아들을 시골에 있는 유모한테로 보냈다. 크레이머의 말을 빌리면, 마리오한테는 엄마 아빠가 앞으로 절대로 결혼하지 않겠다고 서로 약속했다고 마리아 몬테소리가 말했다고 한다. 하지만 몬테사노는 이 약속을 지키지 않았다. 그가 다른 여자와 결혼한 것이 아마 마리아 몬테소리가 학교를 떠난 이유일 것이다. 몬테사노와 같은 학교에서 근무하기가 쉽지 않았을 테니 말이다.

교육학과 인류학 공부

1901년 봄, 마리아 몬테소리는 학교를 떠났고 의료 활동을 비롯한 다른 활동들을 중단했다. 그리고 인류학과 교육 철학을 중점적으로 공부하기 시작했다. 또한 위생학과 실험 심리학 강의도 함께 들었다. 그리고 초등 학교로 가서 정상아들의 수업을 참관하였다. 1904년에서 1908년까지는 교육학과에서 자연 과학부와 의학부 학생들에게 교육학 강의를 하기도 했다.

1902년 나폴리에서 열린 제2차 전국 교육가 대회에서 그녀는 그 동안의 연구 결과를 발표했다. 1898년에서 1900년까지 그녀는 자신이 개발하고 사용했던 방법이 지체아들에게 정상적인 정신 능력을 불어넣는 데 큰 도움이 된다는 사실을 직접 체험하였다. 그리고 이런 방법이 학교에서 사용하는 원칙보다 학습 과정에 더 유용한 원칙을 기초로 삼고 있다는 확신에 이르게 되었다. 훗날 그녀는 이렇게 말했다. "모두가 우리 학교 바보 아이들의 발전에 탄복하는 동안, 나는 보통 학교의 행복하고 건강한 아이들이 지능 검사에서 불행한 우리 아이들보다 뒤처질 정도로 낮은 수준인 이유를 곰곰이 생각해 보았다"(몬테소리, 『아동의 발견』, 32/33쪽). 또 이렇게도 말했다. "…… 내 희망은 큰 성과를 거둔 세강의 방법을 초등학교 1학년 아이들에게 시험해 보는 것이었다……"(몬테소리, 『아동의 발견』, 37쪽).

그 사이 교육가로 변신한 마리아 몬테소리는 자신의 경험을 정상아들에게 시험해 볼 정도로 성숙해졌던 것이다.

제2장
카사 데이 밤비니 - 최초의 어린이 집

1906년에는 로마의 몇몇 시구에서 환경 정비가 이루어졌다. 그런데 이 중 한 시구에서 약 쉰 명의 아이들이 정비 작업을 방해했다. 새로 칠한 벽에 낙서를 했고 여러 가지 불미스러운 사건을 저질렀다.

책임자들은 마리아 몬테소리에게 조언을 구했다. 그리고 유명한 의사이자 교육가였던 그녀가 의외로 선뜻 문제아들을 맡아 주겠다고 해서 놀랐다. 아무도 그녀를 이해하지 못했다. 그녀가 그런 일을 맡아 의사의 명예를 실추시켰다고 비난하는 사람들도 있었다.

그래도 마리아 몬테소리는 흔들리지 않았다. 상류층 여성들에게서 돈과 물품을 지원받았고, 그것으로 애써 구한 공간을 장식했다. 그리고 그곳을 카사 데이 밤비니(Casa dei Bambini), 즉 어린이 집이라고 불렀다.

몇 개의 커다란 책상, 교단 하나, 사물함 하나가 마련되었다. 상류층 여성들이 장난감과 종이, 색연필을 기증했다. 여기에다 마리아 몬테소리가 정신 박약아들을 가르칠 때 개발했던 교구를 바탕으로 새로운 교구들을 제작했다.

아이들은 울면서, 투덜거리면서 새 거처로 들어왔다. 마리아 몬테소리는 구상과 교구 개발을 하는 낮 시간 동안 보조 교사에게 아이들을 맡겼다. 그러면서 아이들이 하고 싶은 대로 내버려두고 절대로 방해하지 말라고 신신당부했다. 그래야 아이들의 자유로운 활동을 관찰할 수 있기 때문이다.

몇 주가 지나자 겁을 집어먹거나 공격적이던 아이들이 장난감이나 그림 도구를 팽개치고 몬테소리의 교구에 관심을 보이기 시작했다. 나무 원기둥을 같은 크기의 판자 구멍 속에 끼워 넣었고 통나무를 크기대로 차례차례 배열하였다(크레이머, 139쪽).

특히 아이들이 한번 교구를 잡으면 "제자리에" 맞게 들어갈 때까지 결코 중단하는 법이 없었음을 마리아 몬테소리는 깨달았다. 아이들은 같은 과정을 한 번 또는 그 이상 반복하였다.

놀라운 반복 또는 몬테소리 효과

마리아 몬테소리에게 특히 인상적인 아이가 있었다. 한 아이가 믿을 수 없을 정도의 집중력으로 같은 과정을 계속 반복하였던 것이다. 그녀는 다음과 같이 썼다.

"나의 주목을 끌었던 첫 번째 경우는 세 살배기 여자 아이였다. 나무 원기둥을 크기에 따라 제 구멍에 집어넣었다 뺐다 하고 있었다."

여기서 말하는 나무 원기둥은 현재에도 사용되고 있는 몬테소리 교구로, 뒤에서 다시 한 번 상세하게 설명할 것이다.

마리아는 그 여자 아이가 그 교구를 엄청난 집중력으로 넣었다 빼기를 거듭 반복하는 것을 보고 깜짝 놀랐다.

"속도나 정확성에서 전혀 진척이 없었다. 일종의 끊임없는 규칙적인 동작이었다"(몬테소리, 『아이들은 다르다』, 165쪽).

마리아 몬테소리는 반복의 횟수를 세면서 "그 아이의 집중력이 어디까지 가는가를 확인해 보고 싶었다. 그래서 교사를 시켜 나머지 아이들이 노래를 부르며 돌아다니도록 했다. 그래도 아이는 전혀 방해받지 않았다. 나는 조심스레 아이가 앉아 있는 의자를 들어 책상 위로 올려놓았다. 아이는 재빠르게 원기둥을 집어들더니 무릎 위에 올려놓고서 하던 일을 계속했다. 내가 횟수를 세기 시작한 이후, 아이는 같은 놀이를 마흔두 번 반복했다. 그리고는 꿈에서 깨어난 것처럼 손을 멈추고는 행복한 표정으로 미소를 머금었다. 반짝이는 눈동자가 만족의 표정을 담고 주위를 둘러보았다. 자신의 관심을 돌리려했던 온갖 노력들을 전혀 알아채지 못한 사람 같았다. 이제, 외부의 방해가 전혀 없는 상태에서 아이는 하던 놀이를 끝냈다. 무엇을 끝낸 것일까? 그리고 왜 끝냈을까?"(몬테소리, 『아이들은 다르다』, 165쪽)

마리아 몬테소리의 전기를 펴낸 교육학자 하일란트(H. Heiland)는 마리아가 이 이야기를 다섯 권의 책에 기록해 놓았다고 말했다. 꼬마 아가씨의 이야기는 "몬테소리 현상"이 되어 교육학의 역사에 기록된 것이다(하일란트, 44쪽).

『아이들은 다르다』에서 몬테소리는 말했다. "비슷한 사건이 반복되었다. 매번 놀이를 끝낸 순간 아이들은 푹 쉬고 나서 원기를 회복한 사람처럼 생명력이 넘쳤고 엄청난 기쁨을 맛본 사람의 얼굴 표정이었다.

그처럼 외부를 전혀 의식하지 못할 정도의 집중력은 일반적인 현상은 아니다. 하지만 얼마 안 가 나는 모든 아이에게서 연습 때마다 거의 규칙적으로 나타나는 그런 특이한 태도를 목격하게 되었다. 그것이 아동 활동의 기본적인 특성이다. 훗날 나는 그 특성에 '연습의 반복'이라는 명칭을 붙였다"(몬테소리, 『아이들은 다르다』, 166쪽. 이해를 돕기 위해 우리가 약간 수정했다. 저자).

20세기가 낳은 또 다른 천재 교육가 장 피아제는 이런 연습의 반복을 보다 잘 이해할 수 있도록 도와주었다(이 책의 117쪽을 참조할 것).

현실 인식

이처럼 교사의 지시가 없는 상태에서 혼자 진행되는 반복은 아이들이 외부 현실의 구조를 파악하는 인식 **활동의** 일부이다.

우리는 이 사례를 통해 아동기 지능의 구조와 발전을 구성

하는 중요한 요소들을 깨달을 수 있다. 그것은 다음과 같다.

● 아동이 누구의 방해도 받지 않고 주변 사물에 열중할 수 있어야 한다.

● 반드시 교육학적으로 완벽한 환경일 필요는 없지만, 어쨌든 환경이 조성되어야 한다.

● 새롭지만, 너무 새롭지 않은 사물을 아동이 선택하여 제삼자의 지시나 개입 없이 열중할 수 있는 장소가 마련되어야 한다.

● 그 사물을 택하도록 만든 욕구가 잠재워질 때까지 아동이 열중할 수 있어야 한다.

마리아 몬테소리는 아이의 관심을 딴 곳으로 돌리려고 애를 쓰기는 했지만, 보통의 어른들이 명령을 내리는 식으로 아이의 행동을 중단시키지는 않았다.

어른들은 아이가 그런 식으로 똑같은 행동을 반복할 경우 불쾌감을 느낀다. 아이가 비정상이거나 머리에 이상이 있다고 생각하는 것이다. 그렇기 때문에 아이를 찰싹 때리면서 당장 그만두라고 **명령하여** 자신들의 불쾌감을 그대로 표현한다. "뭐 하는 짓이야? 너 미쳤니?" 이런 식으로도 말하면서.

따라서 많은 아이들은 "나를 살펴보고 내 구조를 파악해 보라"는 사물의 요구를 위험한 짓으로, 어른들에게 부담이 되는 짓으로 인식하게 된다. 그래서 사람들은—말 그대로—손을 놓아 버린다.

마리아 몬테소리는 그런 장애를 제거함으로써 지능과 자의식, 책임감, 인격 발전의 중요한 전제 조건을 마련하였다. 그

것이야말로 로마를 필두로, 이탈리아 전역으로 그리고 마침내 전 세계로 뻗어 나간 어린이 집의 막강한 매력이었다.

어린이 집에서 함께한 시간은 마리아 몬테소리에게 말할 수 없이 풍성한 시간이었다. 그녀의 연구와 구상에 풍성한 양분이 되었던 수많은 사례들도 이 시기에 접한 것들이었다.

자유로운 선택과 질서

어린이 집이 문을 연 초기에는 교사가 학습 교구를 나누어 주고 거두어들였다. 교구를 나누어 주고 치울 때마다 아이들이 자리에서 일어나 교사한테로 몰려들었다. 몰려드는 아이들 때문에 곤욕을 치르던 교사는 마리아 몬테소리한테 와서 아이들이 "무례하다"고 불평을 했다.

"직접 그 상황을 목격하자 아이들이 교구를 자기 손으로 제자리에 갖다 놓고 싶어한다는 걸 깨달았다. 그래서 그렇게 하도록 허락했다. 그 결과 생활의 패턴이 바뀌었다. 아이들은 교구 정돈을 아주 좋아했다."

어느 날 교사가 지각을 했다. 그런데 그 전날 교구가 든 사물함을 잠그고 간다는 걸 깜빡 잊고 그냥 갔다. 아이들은 열린 사물함으로 몰려들어 교구를 끄집어내더니 스스로 열심히 연습을 했다. 그들 가운데 몇몇은 특정한 물건을 꺼내어 가져갔다.

"교사는 이것을 도둑질 본능의 표현이라고 보았다. 학교와 교사에 대한 존경심이 부족한 아이들이 물건에 마음대로 손을 댔으니 엄한 벌을 주고 훈계를 해야 한다고 주장했다. 나는 생각이 달랐다. 아이들은 이 교구를 잘 알고 있었기에 스스로 선택을 할 수 있었던 것이다"(몬테소리, 『아이들은 다르다』, 168/169쪽).

여기서 몬테소리 교육학의 중요한 두 가지 원칙을 알 수 있다. 자유 선택 그리고 활동 후 자발적인 질서 회복이 그것이다.

마리아 몬테소리의 말을 직접 들어 보자. "그로써 활기차고 흥미로운 활동이 시작되었다. 아이들은 다양한 소망을 표출하였고 그에 따라 각자의 활동을 선택하였다.

…… 이런 자유 선택을 통해 아이들의 성향과 욕구를 여러 가지로 관찰할 수 있었다.

최초로 목격한 흥미진진한 결과는 아이들이 내가 준비한 교구를 전부 똑같이 좋아하는 게 아니라는 사실이었다. 몇 가지만을 선택했다는 것이다. 많든 적든 모두가 그와 같이 택했다. 눈에 띄게 선호하는 교구가 있었는가 하면 손도 대지 않아 먼지투성이가 된 교구도 있었다.

나는 아이들에게 모든 교구를 다 보여 주고 교사를 시켜 각 교구의 사용법을 상세하게 설명했다. 그래도 몇 가지는 손도 대지 않았다"(몬테소리, 『아이들은 다르다』, 169쪽).

이런 경험을 바탕으로 마리아 몬테소리는 키가 낮은 사물함을 구입하였다. "교구가 아이들의 행동 반경 안에, 아이들의 손이 닿는 곳에 있게 하여 각자의 욕구에 따라 스스로 선택할 수 있도록 하기 위해서였다. 그리하여 연습의 반복 원칙에 이어 자유 선택이라는 또 하나의 원칙이 추가되었다.

이 원칙은—앞으로 살펴볼 예정이며 현대 학습 심리학을 통해 그 타당성을 인정받았다—몬테소리 시스템의 초석 중 하나이다.

아이들을 조용하게 만드는 방법

어느 날 마리아 몬테소리는 마당에서 4개월 된 여자 아기를 안고 있는 한 여자와 마주쳤다. 아기가 너무 예뻐 잠깐 어머니한테 양해를 구한 후 아기를 데리고 교실로 들어가 아이들에게 보여 주었다. 그날의 일을 그녀는 이렇게 설명했다.

"아기가 너무 조용해 인상적이었다. 나는 내 느낌을 아이들에게 들려주었다. '아기가 아무 소리도 안 내는구나.' 그러면서 농담 삼아 한마디 덧붙였다. '너희들은 이 아기처럼 조용하게 있지 못할걸.'"

아이들을 능숙하게 다루는 교육자의 면모를 여실히 드러내는 농담이었다. 아이들에게 아기가 하는 대로 따라 하라고 절대 요구하지 않았던 것이다.

이런 말로 그녀는 아이들을 자극하였고 정확하게 정곡을 찔렀다. 아기를 팔에 안고 있던 부인은 아이들이 팽팽한 긴장에 휩싸여 있음을 알아차렸다.

"아이들은 내 입술을 뚫어져라 쳐다보며 내가 말하는 내용을 가슴 깊이 느꼈다. '아기의 숨소리가 정말 조용하구나. 너희들은 이렇게 조용히 숨쉬지 못할걸."

아까보다 더 강도가 센 요구였다. 아이들은 숨을 멈추었다. "그 순간 인상 깊은 정적이 감돌았다. 보통 때는 전혀 들리지 않던 시계의 똑딱 소리가 갑자기 들렸다."

마리아 몬테소리는 해마다 14일 동안 수도원에서 명상을 하면서 다시 활동할 힘을 되찾곤 했다.

그래서 아이들의 이런 모습을 "깊은 내면의 소망에서 나온 내면의 일치"라고 이해했다.

아이들은 꼼짝도 않고 앉아서 호흡을 가다듬었고 마치 **명상**에 빠진 사람처럼 밝은 마음으로 긴장한 표정을 지었다. "인상 깊은 정적이 감도는 가운데 멀리서 떨어지는 물방울 소리, 건물 밖 정원에서 지저귀는 새소리같이 아주 희미한 소음까지도 차츰 들려 왔다. 우리의 "정숙 훈련"은 이렇게 하여 탄생했다(몬테소리, 『아이들은 다르다』, 172/173쪽).

아이들의 내면에 담긴 선한 힘을 일깨우는 것이 교육학적으로 감독하는 것과 얼마나 다른지를 이보다 더 극명하게 보여 주는 실례가 또 있을까?

몬테소리의 방법을 믿지 못하겠거든 아이들을 모아 놓고 "이제부터 모두 입을 다문다!"라고 명령해 보라. 그리고 다음번에는 앞에서 금방 보았던 것처럼 아이들의 선한 측면을 자극해 보라.

아이들을 관찰하고 이해하다

마리아 몬테소리는 항상 아이들한테서 눈을 떼지 않았다. 아이들의 태도를 관찰하여 그들의 욕구를 파악하려고 노력했다. 한 번은 피곤해진 아이들이 바닥에 앉아 쉬지 않고 철봉 위에서 이리저리 미끄럼을 타고 있는 걸 보고 체조 기구를 개발하였다. 수평의 지지대 위에 쌍철봉을 얹어 아이들이 편안하게 미끄럼을 탈 수 있도록 만든 기구였다. 아이들의 욕구와 아이들의 "착상"을 현실화시킨 여러 대의 체조 기구 중 하나였다.

마리아 몬테소리는 아이들의 태도에 주목하여 그것을 이해하기 위해, 다시 말해 그 행동에 표현되고 있는 욕구를 알아내기 위해 노력했다. 이를 통해 아이들의 욕구가 가장 발현될 수 있는 방법을 모색하였다.

아이들을 대하는 그런 태도는 예나 지금이나 교육학 연구의 기초가 된다. 연구자가 아이들의 구체적인 태도를 정확하게 알고 있어야만, 따뜻한 마음으로 그들의 문제와 욕구를 이해하고 파악해야만 통계 조사나 증언 등을 재대로 이해하고 올바로 해석할 수 있기 때문이다.

세계는 변했고 그에 따라 아이들의 정신 성장을 촉진시키는 새로운 교구들도 속속 개발되었다. 하지만 나무 블록에 여러 가지 크기의 구멍을 만들어 그곳에 알맞은 크기의 원기둥을 끼우게 되어 있는 교구는 마리아 몬테소리가 살았던 백 년

전에도, 세강이 살았던 백오십 년 전에도, 또 오늘날에도 현실 인식과 지능 구조 개발에 큰 역할을 하고 있다.

이런 교구들은 세월이 가도 그 효능에 변함이 없다.

마리아 몬테소리의 학문적 태도 역시 오늘날까지 그 타당성을 인정받고 있다. 그녀는 아이들의 태도에는 누구나 이해할 수 있는 원인이 숨어 있다고 거듭 강조했다. 그래서 자신들이 이해 못하는 아이들의 태도를 무조건 "변덕"으로 치부해 버리는 어른들의 생각을 비난했다. 지능에 관해 언급한 『아이들은 다르다』의 한 부분에서 그녀는 이렇게 말했다.

"아이가 하는 모든 행동에는 해석 가능한 합리적인 근거가 숨어 있다는 사실을 우리는 늘 염두에 두어야 한다. 동기나 존재 이유가 없는 현상이란 없는 법이다. 이해 못할 반응, 까다로운 아이들의 행동을 '변덕'이라고 단정지어 버리면 문제는 아주 간단해진다. 하지만 이런 변덕은 해결해야 할 과제, 풀어야 할 수수께끼의 중요성을 인정하라는 의미이다. 무척 어렵긴 하지만 아주 흥미진진한 사실이 아닐 수 없다. 이런 과정을 통해 어른들은 도덕적으로 한 단계 높은 태도를 취할 수 있는 것이며, 맹목적인 사육사나 독재적인 재판관에서 연구자로 변신할 수 있을 것이다"(몬테소리, 『아이들은 다르다』, 102쪽).

자의식과 책임감

　카사 데이 밤비니가 문을 연 지 석 달이 지난 후 산 로렌조에 두 번째 어린이 집이 문을 열었다.

　얼마 지나지 않아 이들 어린이 집으로 교육 광경을 보려는 사람들이 몰려들었다.

　"어느 날 수상의 딸이 아르헨티나 공화국 대사를 수행하여 우리 '어린이 집'을 찾아왔다. 대사는 방문 사실을 미리 알리지 말라고 당부했다. 모두들 입을 모아 찬사를 보내는 구김살 없는 아이들 모습을 있는 그대로 보고 싶어서였다. 그런데 도착하고 보니 그날이 쉬는 날이라 학교가 문을 열지 않았다. 마당에서 몇몇 아이들이 놀고 있다가 다가왔다. 한 어린아이가 아주 자연스럽게 말했다. '학교가 놀아도 상관없어요. 우리는 전부 여기 살고 있고 수위 아저씨한테 가면 열쇠가 있어요.' 그 즉시 아이들은 친구들을 불러모아 교실 문을 열더니 공부를 시작했다. 아이들의 자발성이 여실히 드러난 사례였다"(몬테소리, 『아이들은 다르다』, 179쪽).

　그뿐만 아니라 이 실례는 아이들의 자의식과 책임감이 짧은 시간 안에 발전할 수 있으며 아이들의 천진난만함이 마음껏 발휘될 수 있음을 보여 주었다.

읽기를 배우다

이 시기에 쓰기와 읽기 수업이 시작되었다.

마리아 몬테소리의 말에 따르면 어느 날 어머니 대표단이 찾아와 아이들에게 읽기와 쓰기를 가르쳐 달라고 부탁했다. 자신들이 문맹이기 때문에 아이들이 글을 배운다면 자랑스러울 것이라는 이유에서였다. 처음 마리아 몬테소리는 시큰둥하게 생각해 그들의 청을 거절하였다. 하지만 어머니들은 끈질기게 부탁을 했다.

그래서 마음이 약해진 그녀는 교사들에게 마분지와 사포로 알파벳 철자를 만들라고 했다. 사포를 이용해 아이들이 철자 모양을 손가락 끝으로 더욱 잘 느끼게 하자는 의도였다.

그런 다음 철자를 비슷한 모양끼리 분류하여 도표를 작성했다. 철자를 만지는 아이들 손동작이 비슷한 모양끼리 되도록 모아서 학습의 능률을 높이자는 것이었다.

아이들은 열광했다.

『아이들은 다르다』에서 몬테소리는 말했다. "우리가 납득하지 못한 건 아이들의 열광이었다. 아이들은 진짜 축제 행렬을 만들어 잘라 낸 철자를 깃발처럼 들고 가면서 기쁨의 함성을 내질렀다. 왜 그랬을까?"

몬테소리는 이 질문의 대답을 가르쳐 주지 않았다. 백 년도 더 지나 후손들에게 그녀는 이런 식으로 고민의 여지를 남겨 둔다.

아이들 자신은 아마 **의식하지 못했겠지만** 이 철자들을 통해 자신들이 부모의 지식 수준을 뛰어넘어 "하늘"에 도달했다는 강렬한 느낌에 사로잡혔을 것이다.

마리아 몬테소리는 교사에게 철자를 짚으면서 이름을 말하지 말고 음가를 들려주라고 지시했다. 그녀 자신도 철저하게 그 원칙을 고수했다.

이처럼 언어 사용 현실에 맞는 철자 교수법도 이른바 "준비된 환경"의 하나였다.

그 결과 아이들은 얼마 지나지 않아 단어를 철자로 해체하는 법을 깨닫게 되었다.

한 번은 남자 아이 하나가 걸어가면서 혼자 중얼거리는 소리를 들었다. "소피아(Sofia)를 만들려면 S가 한 개, O가 한 개, F가 한 개, I가 한 개, A가 한 개 있어야 돼." 이 장면을 목격한 몬테소리는 이렇게 해석했다. "아이는 중요한 발견을 한 인간처럼 깊은 관심을 가지고 각각의 음을 모으면 알파벳 철자 하나가 된다는 사실을 알아냈다"(몬테소리, 『아이들은 다르다』, 183/184쪽).

오늘날의 관점에서는 이런 해설을 덧붙일 수 있을 것이다. 즉 마리아 몬테소리가 확인한 "깊은 관심"은 단어에 몰두하고 싶은 욕구에서만 나온 것은 아니었다. 소피아는 분명히 그 아이의 인생에서 아주 중요한 인물이었을 것이다.

이처럼 아이에게 아주 의미 있는 단어를 이용해 읽기를 가르치는 방법은 위대한 교육가 파올로 프레이리(Paolo Freire)가 남아메리카의 대도시 슬럼 지구에서 부르짖었던 문맹 퇴치 캠페인의 원칙이기도 했다.

자발적인 글쓰기

다음 단계는 예기치 않게 시작되었다. "우리 '어린이 집'에서" 역사상 최대의 사건이 일어났을 때, 마리아 몬테소리는 적잖이 당황했다. "어느 날 아이 하나가 글을 쓰기 시작했던 것이다. 아이는 스스로도 놀랐던지 큰소리로 외치기 시작했다. '내가 글을 썼어! 내가 글을 썼어!' 다른 아이들이 몰려와 그 아이를 에워싸고는 그 아이가 백묵 조각으로 바닥에 써 놓은 단어를 보고 놀라워했다. '나도 할 거야, 나도 할 거야.' 아이들이 외치며 우르르 달려갔다. 그리고는 필기 도구를 찾았고 몇몇은 칠판으로 몰려갔으며 다른 몇몇은 바닥에 엎드렸다. 글씨는 그렇게 폭발처럼 불쑥 터져 나왔다……. 아이들은 아무 데나 글을 썼다. 문에, 벽에, 심지어 집에서는 빵 덩이에도 글을 썼다. 대략 네 살 정도의 아이들이었다. 이런 글쓰기 능력의 폭발은 예기치 않은 사건이었다. 교사는 '이 남자 아이가 어제 세 시에 글을 쓰기 시작했습니다.'라고 내게 말했다"(몬테소리, 『아이들은 다르다』, 184/185쪽).

이 소식을 듣고 어른들은 어린이 집으로 책을 보냈다. 그러나 어른들의 예상과 달리 아이들은 책에 관심을 보이지 않았다. 책을 읽지 않았던 것이다. "그래서 우리는 책을 몽땅 다시 치우고 때가 오기를 기다렸다……. 6개월이 지나자 아이들은 독서의 의미를 깨닫기 시작했다. 그리고 독서를 항상 쓰기와 연관지어 생각하게 되었다. 백지 위에 글자를 적을 때마다 그것이 말처럼 내 생각을 표현하고 있음을 아이들에게 깨우쳐 주기 위해 나는 아이들에게 내 손동작을 눈으로 따라오라고 일렀다. 아이들은 그 사실을 깨닫자마자 내가 글자를 적은 종이를 빼앗아서는 어디든 조용한 구석으로 가서 입 대신 머리 속으로 상상하며 읽으려고 애를 썼다. 그럴 때면 긴장으로 일그러진 그들의 얼굴 위로 미소가 번지는 것을 목격할 수 있었다"(몬테소리, 『아이들은 다르다』, 185/186쪽).

이 이야기에서 우리는 소피아라는 말을 내뱉은 남자 아이(그리고 파올로 프레이리와 연결되는)의 경우에 가정했던 내용을 구체적으로 깨닫게 된다. 즉 글쓰기든 읽기든 그것은 아이가 몰두할 수 있는 중요한 것이어야 한다. 아이들의 사랑을 한 몸에 받았던 몬테소리는 아이들에게 편지를 쓰기도 했다. 이것은 지금도 초등 학교 교사들이 사용하고 있는 방법이다(젠라웁, 64쪽).

준비된 환경

준비된 환경이라는 개념은 마리아 몬테소리의 경험과 인식의 결정체이다.

『아이들은 다르다』에서 그녀는 이렇게 썼다.

"성공적인 교육 사업을 위해서는 우선 숨어 있는 정상적인 정신적 자질이 꽃필 수 있도록 환경 조건을 만들어 주는 것이 필수적이다. 이를 위해서는 장애물을 제거해 주는 것으로 충분하며, 그것이 교육의 첫 걸음이자 기초가 되어야 한다"(몬테소리, 『아이들은 다르다』, 191/192쪽).

그래서 그녀는 어린이 집의 아이들이 "놀랍도록 발전할" 수 있는 조건을 연구하였다.

그녀가 특히 중요하다고 생각한 요인들은 다음과 같다.

1. 쾌적한 환경…… 하얗고 깨끗한 공간…… 마당에는 햇볕이 잘 드는 잔디밭. 아이들이 "비참한 주거 환경" 출신이라는 사실을 고려한 배려였다.

2. 교육의 역사상 처음으로 가구를 아이들의 신체 조건에 맞게 제작하였다. "…… 작은 책상, 아이들에게 맞는 작은 소파와 의자."

3. "아이들이 제약을 느끼지 않는 환경."

4. "또 하나의 요인으로 어른들의 부정적인 자질을 꼽을 수 있다. 즉 아이들의 부모들은 읽기와 쓰기를 못했고 교사는 야망이나 선입견이 없는 여성이었다. 이런 상황을 '지식의 정지 상태'라고 부를 수 있을 것이다"(몬테소리, 『아이들은 다르다』, 192쪽).

5. "마지막으로 아이들의 흥미를 끌 수 있고 감각 교육을 촉진하는 데 적합한 교구를 사용할 수 있었다. 이 교구는 아이들이 자신의 동작을 분석하여 더욱 정교화할 수 있도록 만들었으며, 구두 수업이 아무리 노력해도 절대로 하지 못할 만큼 아이들의 주의를 집중시켰다"(몬테소리, 『아이들은 다르다』, 192/193쪽).

그리고 이런 말을 덧붙였다. "한마디로 적절한 환경, 겸손한 교사, 과학적인 교구는 가장 중요한 3대 외부 조건이었다"
(몬테소리, 『아이들은 다르다』, 193쪽).

이 세 가지 요건이 다름 아닌 "준비된 환경"이다.

그리고 아이들의 발전에 아주 중요한 이런 "준비된 환경"
중에서도 가장 중요한 요소는 "겸손한 교사"임을 마리아 몬테
소리는 거듭 강조하였다.

상과 벌

카사 데이 밤비니의 교사도 당연히 상과 벌을 사용해 아이
들을 지도하려고 했다.

"언젠가 학교에 갔을 때, 남자 아이 하나가 교실 한가운데
놓인 의자에 꼼짝도 않고 앉아 있는 것을 보았다. 가슴에는 교
사가 상으로 준 화려한 황금 십자가를 달고 있었다. 교사한테
물어 보니 그 아이는 벌받는 중이라고 했다. 그 직전에 교사
는 다른 아이에게는 칭찬을 하면서 그 표시로 황금 십자가를
달아 주었다. 그런데 칭찬받은 아이는 지나가는 길에 십자가
를 벌받고 있던 아이한테 줘 버렸다. 놀고 싶어하는 아이에게
는 그것이 쓸모없고 귀찮은 물건인 듯했다.

벌받고 있던 아이는 그 십자가를 받아 아무 생각 없이 가
슴에 달고는 벌받고 있다는 것을 잊어버린 듯 평온한 표정으
로 주위를 살폈다. 상벌 체제의 효과는 이 사건으로 이미 다
끝난 일이었다. 그래도 우리는 조금 더 두고 보기로 했다. 한

참을 지켜본 결과 그런 반응이 끈질기게 반복된다는 사실을 발견하였다. 그래서 결국 교사는 아이들을 상이나 벌을 주어야 한다고 생각했던 자신을 부끄럽게 여겼다. 아이들은 칭찬에도 벌에도 전혀 무관심했던 것이다.

그때부터 우리는 상벌 제도를 없앴다. 그렇게 되기까지 우리를 가장 놀라게 했던 점은 아이들이 빈번하게 상을 거절했다는 사실이었다. 아이들은 그 전에 알지 못했던 자의식과 존엄심을 깨닫게 된 것이었다"(몬테소리, 『아이들은 다르다』, 171쪽).

규율

카사 데이 밤비니는 앞에서 말했듯이 산 로렌조 지구의 정화 사업을 방해하는 아이들을 격리시킬 목적으로 설립되었다. 그리고 처음에는 온통 뒤죽박죽이었다.

교육학자 스탠딩(E.M. Standing)은 이 아이들이 몇 주 동안 놀랄 만큼 변했다고 말했다. "그렇게 변화한 아이들은 자신들의 작은 세계 안에서 조용하고 예의 바르게 행동했으며 친구들을 방해하지 않고 각자가 맡은 임무에 충실했다……. 그들의 신체 동작은 조화롭게 변했고 얼굴에도 느긋하고 만족스러운 표정이 떠올랐다"(스탠딩, 34쪽).

마리아 몬테소리의 말을 직접 들어 보자. "우리 아이들은 자유롭고 천진난만하게 행동했다. 그래서 규율이 잘 잡혀 있다는 인상을 주었다. 조용히 각자 맡은 임무에 충실했다. 교구를 바꾸거나 제자리에 갖다 놓기 위해 걸을 때도 발소리를 죽였다. 교실을 나가 운동장을 한 번 쳐다보고는 금방 다시 돌아왔다. 교사가 원하는 일은 놀랄 정도의 빠른 속도로 해 주었다. 교사는 아이들이 자기가 시키는 것은 뭐든지 하기 때문에 말을 할 때마다 책임감을 느낀다고 했다"(몬테소리, 『아이들은 다르다』, 181쪽).

교사에게는 "공손하게" 대응하면서도 "자기들의 생각에 따라 시간과 하루 일과"를 재량껏 꾸렸다.

그런 일이 가능했던 이유는, 몬테소리 교육 기관의 교육자들이 아이들에게 될 수 있는 대로 의견을 말하거나 명령을 하지 않았으며, 설사 표현을 한다 해도 큰 책임감을 느꼈기 때문이다. 이것이 아이들이 긍정적으로 변한 또 하나의 이유였다.

한 번 더 마리아 몬테소리의 말을 들어 보자. "아이들은 가지고 놀고 싶은 대상을 직접 선택했고 교실을 정돈했다. 교사가 늦거나 아이들을 혼자 두고 나가 버려도 흐트러짐이 없었다. 아이들을 관찰했던 모든 사람은 이처럼 질서와 규율, 자율성이 공존한다는 사실에 가장 매료되었다. 누가 말하지 않아도 가능한 이런 완벽한 규율, 해야 할 일을 미리 짐작하는 이런 순종적 태도는 과연 어떻게 가능했을까?

아이들이 놀이를 하고 있을 때 교실을 지배했던 정적은 놀라움과 감동을 안겨 주었다. 아무도 그들에게 명령하지 않았다. 누가 억지로 시켰더라면 절대로 불가능했을 것이다"(몬테소리, 『아이들은 다르다』, 181쪽).

1933년의 마리아 몬테소리: 밀라노의 한 프로젝트에서 만났던 "두체"가 그녀의 방법을 이탈리아에 전파한 이후, 그녀는 아돌프 히틀러한테서도 초대를 받았다. 하지만 정치 의식이 높았던 그녀는 이들 두 "지도자"와 거리를 유지했다.

교사의 인성

"우리의 교육 방법에 포함된 교사의 모습 역시 혁신적인 면모를 담고 있었기에 많은 관심과 토론을 불러일으켰다. 우리가 원하는 교사는 나름의 활동이나 권위 같은 장애물을 제거하기 위해 노력하며 그를 통해 아이들이 스스로 활동할 수 있도록 만들어 주는 수동적인 교사이다. 아이들이 전적으로 독자적인 행동을 하면서 발전해 나가는 모습에 만족하므로 아이들의 발전에 공헌하겠다고 나서지 않는 교사이다"(몬테소리, 『아이들은 다르다』, 155쪽).

마리아 몬테소리는 교사의 교육과 인성에 관한 한 아주 까다로운 요구 조건을 내걸었다. 교육 방법만 익힌다고 해서 결코 훌륭한 교사가 될 수 없다고 생각했던 것이다.

"가장 먼저 맑은 마음 자세가 필수적이며……

끈기를 가지고 교육 방법을 스스로 연구해야 한다. 그래야만 아이들과의 관계에 걸림돌이 될 자신의 결점을 없앨 수 있기 때문이다"(몬테소리, 『아이들은 다르다』, 208쪽).

그녀는 교사가 아이의 "잘못"을 고치는 데 너무 힘을 쏟아서는 안 된다고 생각했다. "자신의 결점과 나쁜 성향을 살펴보는 것이 더 급선무이다"(몬테소리, 『아이들은 다르다』, 208쪽).

또한 그녀는 자만심과 완벽주의의 죄악을 거듭 지적하였다. 이런 성향들은 아이들을 대하면서 쉽게 정반대의 극단으로 바뀔 수 있기 때문이다.

"교육자가 되려면 '완벽할' 필요는 없지만 취약점은 없어야 한다. 품성을 향상시킬 방도를 끊임없이 찾는 사람은 오래지 않아 아이들을 제대로 이해하지 못하도록 만드는 자신의 결점을 파악하게 될 것이다"(몬테소리, 『아이들은 다르다』, 208쪽).

그러므로 "우리는 그들에게 어떤 마음 자세가 교사직을 수행하는 데 가장 적절한 것인지"를 가르쳐 주는 것이다.

"우리를 지배하고 있으면서 아이들을 이해할 수 없도록 만드는 최고의 죄악"을 몬테소리는 분노라고 불렀다. 분노가 일어나면 그 결과 "또 하나의 죄악"을 저지르게 된다. "언뜻 보기에는 고상해도 사실은 흉악하기 짝이 없는 죄악, 그것은 다름 아닌 자만심이다"(몬테소리, 『아이들은 다르다』, 208쪽).

이런 사악한 성향을 막는 방법은 두 가지이다. "내면적으로는 자신의 결점을 확실하게 깨달아 그걸 제거하기 위해 투쟁하는 것이며, 외부적으로는 사악한 성향이 표출되는 것을 막는 것이다. …… 사회 관계는 내면의 균형이 유지되도록 도와준다"(몬테소리, 『아이들은 다르다』, 209쪽).

그렇다면 교사는 자만심과 분노를 억제하기 위해 어떻게 해야 하는가?

마리아 몬테소리가 보기에 "아이들에게는 자신을 보호하고 우리를 이해할 수 있는 능력이 없다. 일단 들은 말은 그대로 다 받아들인다. 모욕도 그냥 받아들일 뿐 아니라, 비난을 하면 그게 전부 자기 탓이라고 느낀다"(몬테소리, 『아이들은 다르다』, 211쪽).

하지만 바로 그 점을 기회로 이용할 수 있다.

"교사는 아이들의 이런 영혼 상태가 어떤 결과를 초래할 수 있는지 세심하게 숙고해야 한다. 아이는 불의를 보고 이성으로 판단하지 않는다. 정신으로 느끼며 억눌러 마음속에 숨긴다. 수줍음을 타거나 거짓말을 하거나 변덕을 부리거나 뚜렷한 이유가 없는데도 울고 잠을 안 자고 도가 지나치게 두려워하는 것은 어른들과의 관계 속에서 보다 심오한 원인을 이성으로 꿰뚫어 볼 수 없는 아이의 무의식적인 방어 행동이다"(몬테소리, 『아이들은 다르다』, 211쪽).

그러므로 교사는 항상 자신을 되돌아보고 분노나 자만심을 억누르며 아이들을 권위적으로 대해서는 안 된다.

"그렇다고 해서 아이의 모든 행동을 허용하라거나 모든 가치 판단을 중지하라는 의미는 아니다. 이성이나 감정의 개발을 등한시하라는 말도 물론 아니다. 하지만 겸손은 필수적인

강연과 회의 등으로 두루 돌아다니며 아동의 미래를 위해 끝없이 노력했던 마리아 몬테소리가 세상을 떠나기 2년 전인 1950년에 아들 마리오(1898년 3월 31일생)와 나란히 포즈를 취했다.

덕목이다"(몬테소리, 『아이들은 다르다』, 211쪽).

그렇다면 이제 그런 식의 준비를 마친 교사의 역할은 무엇일까?

교사는 외부의 틀을 만들어 놓고 아이들을 데리고 들어와 아이들을 관찰하고 발전해 가는 모습을 지켜본다. 그리고 아이들이 새로운 일을 시작할 준비가 되었다고 판단되면 한 번 해 보겠느냐고 묻는다. 아이들이 찬성할 경우 각각의 교구를 어떻게 다루어야 하는지 보여 준다.

새 그룹을 맡게 된 교사들에게 마리아 몬테소리는 "평범한 교사"처럼 아이들을 다루라고 충고한다. 이야기를 읽어 주고 놀이를 하고 함께 노래를 부르면서 "아이들의 관심"을 자기한 테로 집중시켜 인격적으로 아이들에게 영향을 미칠 수 있도록 하라고 말이다. "시간이 조금 흐르면 그런 일은 중단될 것이다. 아이들 하나하나가 마음으로부터 교구와의 "관계"를 찾아내게 되면 점차 교사로부터 눈을 돌려 교구에 열중하게 될 테니 말이다"(스탠딩에서, 39쪽).

"일반" 교사와 몬테소리 교사의 가장 큰 차이는, 몬테소리 교사는 아이들이 스스로 배운다는 사실을 알고 있다는 점에 있다.

스탠딩의 말을 옮겨 보자. "경험이 많은 몬테소리 교사라면 아이들이 교사와는 무관하게, 교사의 지식 없이도 모든 것을 배운다는 사실을 새삼스레 확인하며 놀란 경험이 있을 것이다. 몬테소리 학교의 자연적인 환경에서는 아이들이 자기들끼리 배움을 주고받으며, 교구를 진정으로 이해한 아이들은 어른보다 훨씬 우수한 교사이다"(몬테소리, 『아이들은 다르다』, 140쪽).

제 2 부

제3장

몬테소리와 현대 심리학

시대를 앞서 간 여성

    마리아 몬테소리의 깨달음은 당시의 의식 수준을 훨씬 넘어선 것이었기에, 대부분의 사람들이 말의 뜻을 파악하는 것이 전혀 불가능한 일은 아니었으나 어려운 일이었다.

    많은 수의 사람들이 마리아 몬테소리의 견해와 실천의 의미를 예감하고 느꼈고 또 지금도 그러하다.

    "결과에 따라 평가한다"는 원칙에 충실한 측에서도 마리아 몬테소리의 깨달음과 실천이 의미를 지닌다는 평가를 내리고 있다.

    단순히 이 위대한 여성의 카리스마 앞에 무릎을 꿇은 사람들도 많았다.

    하지만 마리아 몬테소리 추종자들 대부분의 경우, 이런 여러 요인이 함께 작용했다고 보아야 옳을 것이다.

상황을 제대로 파악하지 못한 사람들은 규정을 그대로 모방하거나 추종할 뿐이다. 다행히 이 천재적인 교육가는 규정 이외에도 상당한 양의 교구를 개발하였는데, 그것은 그녀의 의도를 충분히 담고 있었다.

그리고 바로 이 교구들 덕분에 몬테소리의 깨달음은 오늘날까지 그 타당성을 인정받고 있다.

솔직히 말해 마리아 몬테소리의 깨달음이나 발견은 현대의 수준보다도 앞서 있는 것이 사실이다. 그로 인해 많은 사람들이 몬테소리 교육학의 외형에만 집착하여 그녀의 진정한 뜻을 오해하는 일이 종종 있었다.

앞에서 보았던 리타 크레이머의 전기에도 그런 부분이 있다. 리타 크레이머는 쓰기와 읽기에 관한 장의 마지막 부분에 이런 말을 썼다. "요즘처럼 전 세계 교육 시스템에서 그런 방법을 수용하거나 변형하여 지켜 오는 때에는, 그런 사건이나 그런 방법이 그리 이상할 것이 없다. 하지만 1907년 당시에는 혁신적인 사건이었기에 4~5세 된 아이들이 두 달도 못 돼 읽기를 익히고 그 후 며칠 이내에 쓰기를 배웠다는 사실에 전 세계가 경탄을 보내지 않을 수 없었다"(크레이머, 162쪽).

리타 크레이머 문장의 말은 앞뒤가 맞지 않다.

4~5세 된 아이가 두 달도 못 돼 읽기를 배우고 몇 개월 안에 쓰기를 배우는 것이 "그리 이상할 게 없다"고 생각할 수 있을까? 그런 일이 가능했던 것이 "준비된 환경"에서 그에 알맞은 여러 조건—사포와 종이로 만든 철자, 교사의 "편지"—이 제공되었으며 아이들의 호기심과 요청에 어른들이나 다른

아이들이 성실하고도 시의 적절한 반응을 보였기 때문은 아니었을까?

물론 그런 일이 일어나고 있는 몇몇 학교나 교육 기관이 있기는 하다. 하지만 오늘날에도 그런 학교나 교육 기관이 평범한 현상은 아니다. 업무에 지장을 줄 만한 문맹들이 워낙 많기 때문에 군대가 신병들을 위해 특별 코스를 설치한, 무한한 가능성의 나라 미국에서도 사정은 다르지 않다.

몬테소리가 개발한 교구나 교육 방법은 몇 곳을 제외하고는 현대 **공립** 교육 시스템에 전혀 영향력을 행사하지 못하고 있다.

이유는 무엇일까? 공립 교육 기관은 넓은 의미에서 지능 개발 내용의 전달을 우선시하고 있기 때문이다.

따라서 마리아 몬테소리의 깨달음과 규정, 교육 방법, 교구들을 현대 학습 심리학과 발전 심리학이라는 검사대 위에 세워 보는 작업이 필요하리라 여겨진다.

결과를 미리 요약해 보면, **학습 과정**의 이해, **개인의 참여**, 동기 부여, **준비된 환경**의 부분에서 현대 교육학은 마리아 몬테소리의 타당성을 다시 한 번 입증하고 있다. 몬테소리는 정확한 관찰을 통해 깨달음을 얻었으며 뛰어난 **직관력**을 이용하여 이를 이해하고 일반화하였다.

물론 몇 가지 경우 수정의 필요성이나 의문이 제기되고는 있다. 하지만 그런 이유로 이 위대한 교육가의 천재성을 의심할 수는 없다. 민감기의 특징이 문화에 좌우되는 현상들에도 적용된다는 그녀의 주장은 수정이 필요하다(이 책의 읽기와 쓰기 부분(102쪽)을 참조할 것).

20세기 심리학은 학습을 이해하는 데 큰 공헌을 했다.

특히 스위스의 장 피아제 그리고 그에게 영감과 영향을 받은 프레드 헤힝거를 비롯한 미국의 여러 학습 심리학자들을 꼽을 수 있다. 장 피아제는 별도의 단락을 마련하여 살펴보기로 하겠다. 그의 연구가 몬테소리 교육학의 타당성을 특히 잘 입증하고 있기 때문이다(이 책의 109~110쪽을 참조할 것).

헤힝거에서 피아제에 이르기까지 현대 심리학의 인식은 관찰을 통해 얻어진 것이며 실험을 통해 입증과 수정을 거쳤다. 이들의 이론은 마리아 몬테소리의 연구를 올바로 이해하고 평가할 수 있도록 도와줄 것이다. 그에 따르면 지능의 발달 조건은 다음과 같다.

● 아동은 누구의 방해도 받지 않고 주변 사물에 열중할 수 있어야 한다.

● 환경이 조성되어야 한다.

● 아동이 자신에게 맞는 사물을 선택하여 제삼자의 지시나 개입 없이 열중할 수 있는 장소가 마련되어야 한다.

● 그 사물을 택하도록 만든 욕구가 잠재워질 때까지 아동이 열중할 수 있어야 한다.

아동의 학습 과정을 연구한 현대 학습 심리학과 발달 심리학은 마리아 몬테소리가 아이들을 집중적으로 관찰하여 얻은 인식의 타당성을 다시 한 번 입증했다.

발달의 동력

우리 머리 속에 들어 있는 이미지가 현실의 단순한 복사가 아니라는 피아제[4]의 깨달음은 몬테소리와 일맥 상통한다. 피아제는 발달 심리학의 1세대였다.

그는 일찍부터 이런 사실에 주목했다.

우리가 현실에서 인식하고 그 인식에 따라 현실에 대응하는 방식은 우리가 그 전에 현실로부터 습득할 수 있었던 것에 좌우된다.

피아제는 현실을 인식하고 습득하며 현실에 적응하는 수단인 내적 시스템을 지능이라고 부른다.

유기체는 외부 구조를 내부 구조와 적응시키려는 경향이 있다. 양쪽의 균형을 맞추려는 것이다. 이것을 "적응" 원칙이라고 한다. 만일 기존의 내적 시스템과 인식된 외부 환경 사이에 불화가 있으면, 부족한 점을 메우기 위해 외부 구조를 말 그대로 "만지려는" 에너지가 생겨난다. 그러므로 지능이라는 시스템은 오로지 내부와 외부의 불화로 생겨난 자동 조절된 행동(파악), 움직임(왜곡, 이해)에 의해서만 발달된다.

하지만 이런 불화가 상황으로 인해 이미 알고 있는 현실과는 다른 현실이 기대되는 곳에 이르렀을 때에만 발생하는 것은 아니다. 우리는 이런 불화를 찾아 헤맨다.

---

4) 피아제, 그와 몬테소리의 공통점은 "피아제와 몬테소리" 장에서 별도로 설명하겠다.

즉 우리 대부분에게는 "호기심"이 있다.

이것은 지능과 관련이 있을까?

관련이 아주 많다.

우리가 알고 있는 학습에 관한 지식은—아주 단순하거나 그저 기발할 뿐인 착상이긴 하지만—미국의 학습 연구와 행동 연구 그리고 그들의 실험 덕분에 얻어진 것이 많다. 원래 이들 학습 연구가들은 식욕이나 갈증, 수면욕과 같은 기본 욕구를 이용하여 실험을 했다.

유명한 B.F. 스키너는 비둘기를 굶긴 뒤 학습 새장 안에 집어 넣었다. 비둘기가 우연히 8자와 비슷한 모양의 길에 들어설 때마다 조금씩 모이를 주었다. 그런 실험이 얼마나 효과가 컸던지 얼마 지나지 않아 비둘기들은 배가 고플 때 종종걸음을 걸으며 기막힌 서커스를 보여 주었다.

반대로 베를리네는, 푹 쉬고 배부르게 먹은 들쥐를 미로 안에 집어 넣었더니 쥐들이 금방 미로를 탐색하기 시작했음을 증명했다. 이들 학습 연구가들이 "호기심"이라는 이름의 충동을 가장 마지막에 발견했다는 사실이 약간 우습고 특이하다고도 볼 수 있겠다. 그러나 어쨌든 그 결과 실험실에서 비둘기에게 먹이를 주는 방식이나 성적, 자전거, TV 시청 금지와 같은 조처들이 아이들을 학습으로 이끄는 데 아무 도움이 되지 않는다는 사실이 입증되었다.

미국의 실험 심리학자들은 새로 발견된 이 탐색 충동을 "내적 동기"라고 이름붙였다. 프레드 헤힝거가 마리아 몬테소리의 교구들이 특히 이 내적 동기 유발에 탁월한 효과가 있음을 깨달은 점이 흥미롭다. 독자들의 이해를 돕기 위해 몬테소리 교육 방법이 네덜란드를 제외한 유럽보다는 미국에 더 많이 보급되고 알려졌다는 사실을 언급해야 하겠다(헤힝거, 55쪽).

호기심이나 내적 동기는 사실 피아제가 "적응 원칙"을 이용해 설명했던 바로 그 현상의 또 다른 이름이다. 물론 이런 말을 들으면 많은 학자들이 동의하지 않을 테지만 말이다. 결국 95%의 공통점을 보느냐, 2%의 차이를 강조하느냐에 따라 시각은 다르게 마련이다.

마리아 몬테소리는 환경을 습득하는 아이들의 힘에는 신의 영혼이 작용하고 있다고 보았다. "아이들은 능동적인 관찰자이며, 감각을 통해 외부의 인상을 받아들인다. 하지만 이런 인상을 거울처럼 무심하게 받아들이는 것은 결코 아니다"(몬테소리, 『아이들은 다르다』, 93쪽).

한 아이에게서 현실 습득을 유발하는 힘을 뭐라고 부르든 결과는 마찬가지이다.

내적 동기든, 체계화 경향이든, 신의 에너지든 명칭에 관계없이 아이들은 스스로 이런 활동을 펼치며, 이런 에너지를 담고 있으므로, 어른들이 해야 할 일은 두 가지밖에 없다. 환경을 습득하고 싶은 아이들의 이런 탐구열을 발휘할 수 있는 환경을 마련해 주고 아이들을 보호하는 것이다.

행동하는 학습 : 만스케, 레온체프, 피아제

크리스텔 만스케—그녀는 이리스 만(Iris Mann)이라는 필명으로 여러 권의 저서를 출판하였다—는 몬테소리, 피아제 그리고 러시아의 피아제라 불리는 레온체프의 영향을 받아 이들의 이론을 기초로 하여 "행동하는 학습"이라는 개념을 창시하였다.

그 의미는 아동의 활동력—이 활동력에는 주로 "손"이라는 기관이 참여한다—을 통해 외부 환경의 구조가 차츰차츰 내면화된다는 것이다.

그녀의 이런 견해는 피아제나 레온체프와 아주 흡사하다. 행동을 통해, 아동의 활동을 통해 다른 기관의 신경 세포와 연결되어 있는 뇌신경 세포망[5] 안에는 "외부에" 있는 것을 특정한 방식으로 "모사하여", "내부에" 있는 것과 연결시키는 구조가 만들어진다. 그 과정에서 "내면화"되는 것은 눈으로 보고 손으로 만져서 얻어지는 사물의 모사나 그와 연결된 소리 또는 냄새만이 아니다. 사물을 "파악"하고 "이해"하고 "체험"하도록 도와주는 행동이나 활동, 동작도 내면화된다.

따라서 행동하는 탐색은 사고를 앞선다. 사고란 이런 행동이 내면에서 반복되는 것과 다르지 않기 때문이다. 사전에 행동이 없다면 그 행동이 뇌 속에서 "반복"되거나 또 한 번 체

---

[5] 우리 신체의 신경 세포는 1,200억 개에 달하지만 그 중 뇌에 분포된 것은 150억 개에 불과하다.

험되는 일은 있을 수 없는 것이다.

　피아제의 표현을 빌려 보자. 내적 구조를 외적 구조와 일치시켰을 때, 외부 세계가 내부 세계가 되었을 때 비로소 인간은 "생각"을 할 수 있으며, "숙고"를 통해 외부 세계를 내면에서 모방하고 일의 경과를 미리 생각하며, 그 결과 자기 행동에 대해 "지적인" 방식으로 결정을 내릴 수 있다. 실제 생활에서 모든 것을 실험하거나 시도와 오류를 거듭하지 않더라도 생각하는 능력을 바탕으로, 내면으로 "행동하는" 능력을 바탕으로 갖가지 골치 아픈 일을 피할 수 있는 것이다.

행동하는 학습 - 손은 뇌의 전초병

　손은 수많은 신경 섬유를 통해 뇌의 각 부위와 연결되어 있다. 몸통이나 복강에서 전해 준 정보를 평가하는 신경 세포보다 손이 전달해 주는 신호를 받아들이는 신경 세포가 더 많다. 수많은 신경은 추위와 더위에 민감하다. 손가락 끝에 있는 특수한 촉각 미립자가 "손가락 끝의 느낌"을 담당하고 있다. 엷은 막은 진동을 기록하고 알리며, 촉각 세포는 변형을 특수 전담하고 피부의 팽창에 반응하는 세포들도 있다. 예민한 털은 접근 단계에서 피부의 접촉을 미리 알려 준다.

　손은—발이나 귀와 비슷하게—몸 전체를 반영한다. 그래서 손 마사지는 발 마사지와 같은 효과가 있다.

　이마누엘 칸트는 이렇게 말했다. "손은 인간이 모든 사물을 능숙하게 사용할 수 있도록 만든다. 손은 밖으로 보이는 뇌이다."

행동하는 학습 - 클라우시와 나눗셈

아직 행동하는 학습의 단계에 있는 아동은 겉모습과는 달리 추상적인 지식을 습득할 능력이 없다. 앞에서 언급했던 이리스 만은 실례를 통해 그 사실을 보여 주었다.

그녀는 아이들을 데리고 나눗셈을 연습하였다.

다들 잘 따라했는데 유독 클라우시만 그렇지 못했다.

"자꾸만 틀리고 한 번도 정답을 맞추지 못한다. 클라우시 엄마는 불안해져서 이렇게 말한다. '나눗셈을 할 줄 알아요……. 하려고 들면 할 수 있을 텐데 도무지 하려고 들지를 않아요…….' 클라우시는 시간이 갈수록 불안해 한다. 다른 네 아이들이 조용히 문제를 푸는 동안 클라우시는 연필을 자기 귀에다 쑤셔 넣고, 돌을 던지고 머리카락을 쥐어뜯는다. 결국 내 머리카락에까지 손을 댄다. 클라우시 엄마는 민망해 한다. 교사도 한마디 거든다. '자주 저래요. 하려고 들면 할 수 있는데 계속 헛소리를 지껄이고 방해를 하고…….'

나는 클라우시가 문제를 풀 때 그림을 그려 도와주었다. 그리고 그가 아무리 노력해도 문제를 풀 수 없다는 사실을 깨달았다.

클라우시의 태도를 나는 이렇게 설명한다. '클라우시는 아직 외적 행동의 차원에 있다. 그의 산만한 행동은 그가 과도한 요구를 받고 있다는 표현일 뿐이다. 물론 그도 몇 가지 나눗셈을 외울 수는 있다. 하지만 나눗셈의 원칙을 파악하지는 못한다. 그 때문에 어른들은 아이가 하려고만 들면 할 수 있다는 인상을 받는다. 하지만 이 아이는 외적 행동의 차원에 있으므로 다시 그 수준으로 돌려보내야 한다. 그래야 다음 단계로 나갈 수가 있다"(만, 『나쁜 학생은 없다』, 55쪽).

만은 클라우시에게 주판을 들려주고 몇 가지 나눗셈을 해보라고 시켰다.

클라우시는 당황했지만 안도하는 표정이었다.

"하려고만 들면 할 수 있다는 기대감이 그를 절망의 상황으로 몰고 갔고 그 결과 통제의 어려움이 발생하였다. 게으르기 때문에 못할 뿐이지 멍청한 것은 아니라고 다들 생각하는데, 정말로 못하는 거라고 고백하고 싶은 사람이 어디 있겠는가?"(만, 『나쁜 학생은 없다』, 56쪽)

클라우시는 주판을 받아 들더니 조용히 앉아 차근차근 숙제를 풀었다. 그리고 시간이 갈수록 더욱 조용해졌다. 나눗셈의 과정을 상징적으로—종이 위에다, 나중에는 머리 속에다—설명할 수 있기 위해 필요한 내적 구조를 쌓아 갈 수 있었던 것이다.

마리아 몬테소리의 행동하는 학습

마리아 몬테소리는 행동하는 학습의 의미를 확인하였다. 어린 시절에 그녀가 체험한 학교 생활은 고통이었다. 꼼짝도 못하고 앉아 있어야 하는 시간은 그야말로 고문이었다. "이제 아이들은 계속 엄중한 감시를 받으며 자기 의자에 앉아 있다. 못이 예수의 몸을 십자가에 붙들어 매어 놓았듯 두 손과 두 발은 꼼짝도 않고 가만있기 위해서 필요한 물건이다"(몬테소리, 『아이들은 다르다』, 302쪽).

그러므로 행동하면서, 움직이면서 사물에 열중할 수 있다는 것이 아이들에게 얼마나 중요한 것인지를 누구보다도 잘 파악하였다. "인간이 다른 생물과 다른 것은 언어 이외에도 손을 지능을 실행하는 도구로 사용하는 능력 때문이다. 선사 시대에 최초의 인간이 출현했다는 증거는 작업 도구로 사용했던 뾰쪽하게 간 돌이었다"(몬테소리, 『아이들은 다르다』, 116쪽).

마리아 몬테소리는 우리가 "손의 능력과 관련이 있다"는 점을 거듭 강조한다. 직립이 진화에 미친 의미는 손을 자유롭게 만들어 "보행 이상의 활동에 사용하며 지능의 수행 기관으로 만들었다"는 것이다(몬테소리, 『아이들은 다르다』, 117쪽).

그러므로 그녀는 환경과 아주 특정한 관계를 맺도록 만드는 손의 문화사적 의미를 살펴본다.

"한 남자와 한 여자가 결혼할 때, 그들은 손을 맞잡고 맹세를 한다. 선서를 할 때도 손동작이 뒤따른다. 자아가 강하게 표출되는 모든 의식에는 손이 등장한다. 빌라도는 예수가 십자가에 못 박힌 것은 자기 책임이 아니라고 부인하면서 무죄에 손을 씻는다는 표현을 사용하였다"(몬테소리, 『아이들은 다르다』, 117/118쪽).

그러므로 손은 아동의 발전에도 막대한 영향을 미친다.

"아동이 유익한 행동을 하면서 어떤 일에 손을 사용한다는 것은 그런 일에 관심을 갖도록 유도하는 주변 대상을 찾았다는 뜻이다"(몬테소리, 『아이들은 다르다』, 117/118쪽).

의사였던 그녀는 "아동의 동작은 결코 우연이 아니며, 동작은 '자아의 지도 아래'(이 말은 모든 생명체에 내재하는 '건축 계획'을 의미한다) 그 동작에 필수적인 근육 조절이 확대되는 데 기여한다"는 사실을 알고 있었다.

이런 건축 계획이 현실화될 수 있기 위해서는 "아동에게 자발적으로 행위를 선택하고 수행하도록 맡기는 것이 너무나 중요하다."

아동은 어른들한테서 보았던 것을 모방한다. 하지만 원숭이의 모방과는 질이 다르다.

"아동은 어른들한테서 보았던 것과 같은 대상으로 같은 행동을 하려고 한다. 따라서 이런 그의 활동은 주변 세계 어른들의 습관에 좌우된다. 아동은 방을 치우고 설거지를 하고 빨래를 하며, 물을 길러 오고 목욕을 하고 이발을 하고 옷을 입으려고 한다."

다시 말해 아동은 "자신의 인식에 기초한 정신 이미지" 안에 담고 있는 의도를 추구한다. "아동은 움직이고 싶다는 의지 이전에 먼저 무얼 하고 싶은가를 알고 있으며, 자기가 알고 있는 것을 행하려고 한다"(몬테소리, 『아이들은 다르다』, 120쪽).

이 모방하고 행동하는 학습은 일반적으로 세 살부터 시작된다.

두 살 반에서 세 살 사이에는 아동이 행동하는 학습을 하면서 "대상들을 가지고 어른들이 이해하지 못할 동작을 하는 경우가 종종 있다."

몬테소리는 한 예를 들었다.

"예를 들어 언젠가 2년 6개월 된 남자 아이를 본 적이 있다. 아이는 방금 다림질되어 꼼꼼히 접힌 채 쌓여 있는 냅킨 더미를 방에서 발견했다. 그러자 한 개를 집어 조심스럽게…… 대각선 방향의 구석으로 들고 가더니 바닥에다 놓고 '하나!' 라고 말했다. 그리고는 다시 대각선 방향으로 되돌아왔다. 아주 섬세하게 발달된 특별한 방향 감각이었다. 아이는 두 번째 냅킨을 집어 조금 전과 같은 길을 걸어 첫 번째 냅킨 위에다 놓고는 '하나!' 라는 말을 반복했다. 이 놀이는 냅킨 더미가 전부 건너편으로 옮겨갈 때까지 계속되었다. 그러더니 아이는 냅킨을 같은 방식으로 원래 장소로 다시 가져다 놓았다. 하녀가 쌓아 놓았던 원래 모습처럼 잘 정돈된 상태는 아니라 해도 제법 잘 접어 놓았다. 약간 흐트러지긴 했지만 기본 모양은 그대로였다. 그 놀이를 하는 동안 시간이 꽤 흘렀는데 다행히 식구 중에 아무한테도 눈에 띄지 않았다. 하지만 보통의 경우에는 등 뒤에서 어른이 나타나 소리를 치게 마련이다. '저리 가,

손 치워, 가만히 놔둬!' 그리고는 이 존경해야 할 작은 손을 때려 물건에 함부로 손대지 않도록 버릇을 들인다"(몬테소리, 『아이들은 다르다』, 152쪽).

마리아 몬테소리에 의해 유아용으로 제작된 교구 중 몇 개는 이런 준비 단계에 적합하다. 꼭지 원기둥이 그 한 예이다 (이 책의 150쪽을 참조할 것).

"동작이 정신 구조에 미치는 중요성은 아무리 강조해도 모자라지 않는다……. 아이가 인상을 수집하여 분명하고 질서정연하게 보관할 수 있는 상태를 마련하는 것이 아주 중요하다. 자아는 아이의 에너지를 영도하는 민감한 힘들을 이용하여 자신의 지능을 쌓아 가기 때문이다"(몬테소리, 『아이들은 다르다』, 135쪽).

『아이들은 다르다』의 다른 부분에서 마리아 몬테소리는 행동하는 학습의 의미를 다음과 같이 요약했다. "아이의 정상적인 기질이 발현되도록 도와주는 가장 중요한 활동은 임의의 외부 물체를 대상으로 정신이 이끄는 손동작에 집중하는 활동이다. …… 그렇게 할 때 진정한 아이가 나타난다. 기쁨에 겨워 환한 얼굴을 하고서 지칠 줄 모르고 활동하는 아이이다. 아이의 인생에서 활동은 모든 발전과 밀접한 관계를 맺고 있는 영혼의 신진 대사와 같은 의미이기 때문이다"(몬테소리, 『아이들은 다르다』, 193쪽).

환경의 의미

학습 심리학자들은 지능 발달의 원동력에 대해 이렇게 말하고 있다. 충분한 휴식을 취하고 배부르게 먹은 쥐를 미로에 갖다 넣으면 쥐는 곧장 미로를 탐색하기 시작한다. 그런데 미로가 새로운 것일 때만 그렇게 한다. 여기서 우리는 피아제의 주장과 동일한 결론을 얻을 수 있다. 그에 따르면 생명체—인간이든 고양이든 쥐든—의 "내적 구조"와 외부 구조의 불일치는 생명체에게 자신의 구조를 변화시켜 "순응"하도록 자극한다. 그러기 위해서 우선 생명체는 새로운 환경을 탐색해야 한다(피아제의 용어를 빌리면 "동화"를 한다).

다시 말해 새로운 것, 낯선 것은 자동적으로 학습 과정을 가동시킨다.

베를리네를 비롯한 현대의 행동 연구가들과 학습 연구가들은 쥐 실험과 아동 실험에서 관찰한 내용들을 다음의 공식으로 정리하였다. "인간은 새로운 것에 반응한다. 그러나 너무 새로운 것에는 반응하지 않는다."

이것은 내적 동기를 설명하는 말이다.

여기서 "하지만 너무 새로운 것에는 반응하지 않는다"는 부연 설명이 중요하다. 절대 놓쳐서는 안 되는 사실을 다시 한 번 상기시켜 주고 있기 때문이다. 우리도 자주 경험하는 것과 같이 너무 새로운 것은 두려움을 불러일으킨다. 여기서는 두려움이 학습에 미치는 의미를 대략적으로만 설명해 보겠다. 두려움은 도주나 투쟁 등 자기 보호 에너지를 활성화하지만 그 이외의 다른 과정을 차단한다. 정보의 가공과 같은 복잡한 과정은 특히 그러하다. 두려움과 학습은 불과 물의 관계이다.

마리아 몬테소리는 두려움을 "잘못된 길"이라고 생각했다. 정상화, 다시 말해 모든 인간에 내재한 건축 계획으로부터의 일탈이라고 보았다.

『아이들은 다르다』에서 그녀는 노이로제 같은 공포—예를 들어 길을 건널 때나 어둠 속에 있을 때 느끼는 공포—의 몇 가지 유형을 설명하면서 이렇게 덧붙였다. "이런 형태의 공포는 모두가 어른의 폭력에 짓눌려 있는 아이들한테서 특히 많이 나타난다. 어른들은 아이에게 복종을 강요하기 위해 아이의 불확실한 의식 수준을 이용하여 해질녘이면 돌아다니는 무시무시한 존재에 대한 공포를 주입시킨다. 이는 어른이 아이에게 할 수 있는 가장 저급한 방어 조치이다. 그를 통해 어른은 아이가 밤의 자연에 대해 느끼고 있는 두려움을 상승시켜 무시무시한 현상을 마구 상상하도록 만든다"(몬테소리, 『아이들은 다르다』, 239쪽).

그러므로 교육자에 대해서도 준비된 환경의 교구에 대해서도 두려움을 갖지 않는 것이 중요하다. 마리아 몬테소리는 교육자의 심적 자세를 그에 맞게 형성하고 발달시키는 일을 아주 중요하다고 보았다(이 책의 73쪽도 참조할 것).

다시 한 번 내적 동기의 공식으로 되돌아가 보자. "인간은 새로운 것에 반응한다. 그러나 너무 새로운 것에는 반응하지 않는다."

몬테소리 교육학의 **준비된 환경**은 이를 위해 다양한 기회를 제공한다. 여러 감각을 자극하고 다양한 방법으로 조작하는 다양한 난이도의 교구가 구비되어 있기 때문이다. 교사도 교구에 포함된다. 교사는 아이들의 교구 활용에 개입하지 않고 따뜻한 마음으로 지켜보다가 적당한 순간 교구 사용법을 가르쳐 준다.

피아제의 개념들을 **준비된 환경**에 도입해 보면 아동의 내적 구조는 새 교구에 "동화할" 경우, 그러니까 새 교구를 인식할 경우 불일치에 부딪힌다. 아동의 내적 구조와 외적 구조가 일치하지 않아 "동화"의 충동을 불러일으키는 것이다. 교구를 활발하게 다룸으로써 동화 작용의 도식은 "현대화"되고 "개조"된다. 다시 말해 (새로운) 현실의 유기체에 적응하는 것이며, 다른 말로 표현하면 지능 구조가 새로운 수준으로 상승한다고 말할 수 있겠다.

다시 한 번 강조하지만 여기서 사용하고 있는 여러 학자들의 용어는 다른 문제를 다루고 있는 것이 아니다. 같은 문제에 다른 표현을 사용하고 있을 뿐이다.

그러므로 심리학자들이 하루 빨리 통일된 이론을 정립하여 통일된 용어를 사용하기를 바란다.

민감기

  네덜란드의 생물학자 후고 데 브리스(Hugo de Vries)[6]는 마리아 몬테소리에게 민감기라는 개념을 가르쳐 준 사람이다.

  그는 특정한 능력이나 행동 방식이 발달하고 탄생하기 위해서는 그때마다 최적의 시점과 시기가 있다고 보았다.

  예를 들어—콘라트 로렌츠(Konrad Lorenz)[7]의 이야기처럼—야생 거위는 알을 까고 나오는 순간 처음 본 것을 "엄마"라고 생각한다. 그래서 야생 거위는 로렌츠를 엄마로 인식하였다. 그뿐만 아니라 성장할 때까지 한시도 그의 곁을 떠나지 않았다.

  프레데릭 베스터(Frederic Vester)는 민감기가 시각 발달에 미치는 영향을 실험하였다.

  쥐를 태어난 후 몇 주 동안 눈을 묶어 놓으면 일생 동안 앞을 못 본다고 한다. 태어난 지 몇 달 동안 어둠 속에서 지낸 아기들한테서도 같은 현상이 나타났다.

  민감기는 일시적인 시기이므로 그 시기가 지나가고 나면 그에 상응하는 능력이나 태도를 획득할 수 없게 되며, 설사 획득하더라도 아주 힘겨운 과정을 거쳐야 한다.

---

6) 옮긴이 주: 후고 데 브리스(1848~1935). 생물 진화에 실험을 도입한 네덜란드의 식물학자, 유전학자. 달맞이꽃의 변종을 연구하여 종의 변이에 관한 개념을 규명함으로써 생물 진화에 관한 다윈의 학설이 받아들여지도록 했다.
7) 옮긴이 주: 콘라트 로렌츠(1903~1989). 오스트리아의 동물학자. 비교 행동학의 창시자 가운데 한 사람. 동물의 행동 양상에 대해 발견하여 노벨 생리학·의학상을 수상하기도 했다(1973).

민감기가 시각 능력과 관련된 이유는 해당 기간(인간의 경우 생후 몇 개월) 동안 시각을 담당하는 뇌 속 신경 세포가 세포 돌기를 통해 8천 개의 다른 신경 세포와 결합되기 때문이다. 그러자면 빛의 자극이 필수적이다. 민감기 동안 빛의 자극을 받지 못하면 이런 "배선"이 불가능해지는 것이다. 일단 이 시기가 지나고 나면 아무리 빛을 투입해 보았자 시각은 발달되지 않는다.

갓 태어난 고양이로 다음과 같은 실험을 해 보았다.

한 그룹은 태어난 지 6주 동안 수직선만 있는 공간에 살게 했다.

다른 그룹은 마찬가지로 6주 동안 수평선만 있는 공간에서 자라게 했다.

이 고양이들은 다른 종류의 선이 있는 공간에 들어가면 방향 감각을 찾지 못했다. "수평선"만 있는 공간에서 자란 고양이들은 수직선이 있는 공간에 들어가면 비틀거렸다. 반대로 "수직선"에서 자란 고양이들은 수평선이 있는 공간에 들어가면 마찬가지 반응을 보였다(베스터, 40쪽).

이 끔찍한 고양이 실험은 피아제 이론의 타당성을 증명한다. 고양이의 예에서 우리는 환경의 습득이 인식 모델의 탄생으로 이어지며 이것이 다시 또 다른 학습을 좌우한다는 사실을 알 수 있다.

몬테소리의 경우 민감기 이론은, 인간에게는 발달의 가능성을 내포한 "발달 계획"이나 "건축 계획"이 있다는 확신과 관련이 있다. 민감기는 특정한 능력이나 행동 방식의 형성과도 무관하지 않다(이 책의 "가정에서의 몬테소리" 장도 참조할 것. 237쪽).
"민감기"에 능력의 발달이 방해를 받으면 이런 계획으로부터
의 "이탈", 즉 장애가 발생한다. 몬테소리는 이를 "일탈"이라
고 불렀다.

후기 발달에서도 이런 민감기가 실재한다는 사실을 보여 줄
또 하나의 실례를 들어 볼까 한다.

중국인이나 일본인들이 "r" 발음을 못한다는 것은 누구나
알고 있는 사실이다. "r"을 발음해 보려고 아무리 노력해도 "l"
발음이 되고 만다.

하지만 중국 아동이나 일본 아동이 "r"을 발음하는 환경에
서 자라면 아무 어려움 없이 "r" 발음을 이해하고 실제로 발
음할 수 있다. 그 이유는 그 아동이 "R-학습"의 민감기를 놓
치지 않았기 때문이다. 외국어를 조기에 배우고 외국 TV 방
송을 수신할 수 있는 미래에는 상황이 달라질 것이다. 하지만
21세기인 지금도 일본인과 중국인이 "r"을 발음하지 못한다는
사실은 학습 과정에서 민감기가 존재한다는 훌륭한 증거이다.

"민감기의 집중적인 활동력은 지칠 줄을 모른다. 자발적인
활동 시기를 거친 아동은 건강하고 활기차며 침착하다"(스탠
딩, 80쪽).

마리아 몬테소리는 "민감기"를 다음과 같이 나누었다.

3세까지: 환경의 영향 및 감각 체험의 습득력이 상승
1 $1/2$세에서 3세 까지: 언어 발달
　　　　　　　　질서 감각

2세에서 4세까지: 동작이 섬세해지고 진리와 현실에 관심
    을 가지며 시공간 개념이 발달
3세에서 6세까지: 어른의 영향에 아주 민감한 시기
3 $^1/_2$세에서 4 $^1/_2$세까지: 쓰기
4세에서 4 $^1/_2$세까지: 촉감 발달
4 $^1/_2$세에서 5 $^1/_2$세까지: 읽기

마리아 몬테소리가 관찰한 **읽기와 쓰기의 민감기**는 읽기와
쓰기의 **가능성**이 시작되었다는 의미로 해석할 수 있겠다. 다
른 환경, 예를 들어 산 로렌조와 달리 에콰도르의 키토에 있
는 **페스타**에서는 부모나 교육자가 읽고 쓰기에 별로 관심을
보이지 않기 때문에, 아이들이 속도나 자발성에서는 뒤처지지
않으면서도 9세나 10세가 되어서야 읽기와 쓰기를 배운다.
  아동이 읽기와 쓰기에 관심을 가지는 것은 부모가 이런 문
화적 테크닉을 얼마나 중요하게 생각하느냐, 예를 들어 부모
가 읽기와 쓰기를 지능 발달의 증거라고 생각하느냐에 달려
있다. 이는 키토에서도 마찬가지이다. 그곳에서 일찍 읽기와
쓰기를 깨치는 아동의 경우 가족의 특별한 관심이 배경으로
작용하고 있다. 아이가 "아직도 읽기와 쓰기를 못한다"는 초
조한 마음도 한몫한다.
  또 다른 민감기, 예를 들어 질서 민감기를 통해 보다 상세
한 내용을 살펴보자.
  "질서 민감기는 2세 때 나타나기 시작하여 2년 동안 계속
되며 3세에 특히 두드러지게 나타난다. 이 시기 동안 아동은

시공간을 가리지 않고 사물의 질서에 대해 거의 정열적이다 싶을 만큼의 관심을 보인다. 모든 사물은 정해진 자리가 있으며 매일매일은 항상 똑같이 흘러간다는 사실이 그 시기의 아동에게는 일종의 생활 필수품과 같은 뜻인 것이다. 아이들은 일상의 그런 물건들로 의례를 만들 수 있으며, 심할 경우 이와 관련된 요구를 '폭군처럼' 관철시키려 한다. 소파나 기타 가구가 정확히 제자리에 있지 않거나 양탄자 구석이 접혀 있거나 가족의 일원이 제자리가 아닌 곳에 앉아 있거나 누군가 실수로 우산을 탁자 위에 놓아두었거나, 이런 일련의 이탈을 가장 먼저 알아차리고 항의를 하는 쪽은 늘 **나이 어린 아이다**"(스탠딩, 86쪽).

마리아 몬테소리가 하루는 나폴리에 관광을 하러 갔다가 한 여행 그룹과 함께 네로의 동굴로 들어간 적이 있었다. 그곳에서 그녀는 아동의 질서 감각을 목격하게 된다.

"우리 중 한 젊은 부인이 아이의 손을 잡고 들어갔다. 하지만 아이가 너무 어려 긴 지하 동굴을 자기 발로 걸어가지는 못했다."

아이가 피곤해지자 엄마는 아이를 안았다. 엄마는 아이를 안고 있다 보니 더워져 걸음을 멈추고 재킷을 벗어 팔에 걸쳤다.

"그녀가 다시 아이를 안으려고 하자 아이는 울기 시작했고 울음 소리는 자꾸만 커졌다. 엄마는 아이를 달래 보았지만 소용이 없었다. 아이가 계속 울음을 그치지 않자 기운이 달린 엄마는 눈에 띄게 신경질적으로 되었다." 옆에 있던 사람들이 도와주려고 나섰다. 안내인이 아이에게 힘차게 손을 내밀자 아이의 울음 소리는 극에 달했다.

그런 반응은 항상 아동의 민감함과 관련된 심리적 원인이 있게 마련이다. 그래서 마리아 몬테소리는 실험을 해 보기로 했다.

그녀는 신경이 날카로워진 엄마에게 말을 건넸다. "재킷을 다시 입어 보세요."

아이의 엄마는 어리둥절한 표정으로 마리아를 쳐다보았다. 더워서 방금 벗었던 재킷을 다시 입으라니. 하지만 그녀는 마리아의 말을 따랐고 아이는 금방 울음을 그쳤다.

아이는 여러 차례 "어깨에"라는 말을 반복했다.

몬테소리의 설명을 직접 들어 보자. "그 말은 '엄마가 재킷을 어깨에 걸쳐야 한다'는 의미였다. '드디어 내 말을 알아들었군.' 아이는 그렇게 생각하는 것 같았다. 엄마를 향해 팔을 내밀며 미소를 지었고 동굴을 다 돌 때까지 얌전히 있었다. 아이의 관점에서 보면 재킷은 어깨에 걸치는 것이지 팔에 걸치는 것이 아니었다. 엄마에게 나타난 이런 무질서가 아이의 영혼에 고통스러운 갈등을 불러일으켰던 것이다"(몬테소리, 『아이들은 다르다』, 79~81쪽).

다시 "질서 민감기"와 갑작스러운 변화에 대한 아동의 반응으로 되돌아가 보자.

마리아 몬테소리의 발견은 3~5세에 이사를 통해 겪었던 그녀의 혼란과 적잖은 관련이 있다.

마리아 몬테소리는 물론 스탠딩이 이 주제에 관해 들려준 모든 이야기에는 공통점이 있다. 아동이 체험한 기존 질서가 방해를 받았다는 것이다(마리아 몬테소리가 피아제에 대해 들려준 이야기 역시 그러하다. 125쪽을 참조할 것).

하지만 질서 민감기에는 또 다른 의미가 있다. 2~3세 후반기만 되어도 아동은 이미 자신의 작은 세계를 정돈한다. 인형이나 봉제 완구, 다른 중요한 물건에게 자리를 정해 준다.

부모가 이런 질서를 수용하는 것은 아동을 존중한다는 의미이다. 자신의 우주를 조직하고, 나아가 훗날 기존의 질서 틀을 수락하여 받아들이는 능력의 핵심이 여기에 있다.

자신의 질서를 존중받지 못하고 성인들의 질서를 강요당할 경우 의미 없는 권력 싸움이나 성인의 질서를 완강하게 거부하는 결과를 낳을 수 있다. 아동의 방이 대부분 엉망진창인 것이 그 증거라 하겠다.

성과 확인

따뜻한 마음과 날카로운 분석력으로 아동을 관찰하였던 마리아 몬테소리는 아동의 활동에서 피드백이 얼마나 중요한가를 잘 알고 있었다.

어린 시절 그녀가 타일을 닦으며 느꼈던 그 기쁨을 생각해 보면 될 것이다. 아동의 활동을 통해 때가 잔뜩 끼어 더러운 타일이 너무나 깨끗하고 윤이 나게 될 때, 그 "피드백"의 의미를 확실하게 알 수 있다.

마리아 몬테소리는 교구 하나하나를 개발할 때마다 이런 성과 확인을 고려하였다. 물론 그녀는 이것을 "오류 확인"이라고 불렀고, 현재까지도 그렇게 불리고 있다.

하지만 아동의 오류를 지적하는 것이 학습 과정에 해롭다는 사실을 마리아 몬테소리는 거듭 강조하였다. 그래서 "3단계 학습"을 설명하는 자리에서 이렇게 말했다. "아동이 헛갈린다는 건 그 순간 그 아이가 필요한 심리적 연상을 할 준비가 되어 있지 않다는 뜻이다. 그럴 경우 다음 순간까지 기다려야 한다. 그렇지 않고 오류를 고쳐 주면서 "아냐, 틀렸어, 이렇게 하는 거야."라고 말한다면 이런 말은—비난이므로—아이에게 그 어떤 말보다 강한 영향을 미쳐 아이의 정신 속에 남아 명칭 학습을 지연시킨다"(몬테소리, 『아동의 발견』, 176쪽).

따라서 "오류 확인"이라는 그녀의 개념보다는 "성과 확인"라는 용어가 그녀의 원래 의도에 더 부합한다 하겠다.

피드백이라는 말이—중립적으로 표현하면—괜찮을 법하다. 피드백은 모든 학습 과정에 필수 불가결하지만 보통의 학교에서는 사용되지 않는 경우가 많다.[8]

마리아 몬테소리의 교구에는 전부가 이런 피드백이 장착되어 있다. 원기둥 꽂이 하나하나가 정해진 구멍에 맞게 되어 있으며, "비밀 주머니"는 아이들이 손을 넣어 안의 것을 만져 본 다음 꺼내어 확인할 수 있는 교구이다.

여기서 중요한 것은 피드백이 상벌과는 아무 관계가 없다는 사실이다.

마리아 몬테소리의 목소리를 들어 보자. "교사는 항상 자기 수업이 목표점에 도달했다고 확신해야 한다"(몬테소리, 『아동의 발견』, 175쪽).

어떻게 하면 그렇게 되는 걸까? "3단계 수업"을 예로 들어 설명해 보자.

우선 (첫 단계로) 아동에게 매끈한 종이를 쥐어 보게 하고는 "매끄럽다"는 말을 높낮이를 바꿔 여러 번 반복한다. 이때 분명하고 또렷하게 발음해야 한다.

다음 두 번째 단계에서는 아이에게 거친 종이를 쥐어 보게 하고는 "거칠다"라는 말을 높낮이를 바꿔 분명하고 또렷한 발음으로 반복한다.

"첫 실험은 이름과 대상 사이의 생각 연상이 아이의 의식 속에 남아 있는지 검사하는 것이다. 그 때문에 교사는 그에 필요한 시간을 주어야 한다. 다시 말해 수업과 시험 사이에 짧은 침묵의 순간을 두어야 한다는 뜻이다. …… 그런 다음 아동에게 천천히 묻는다. '어느 것이 매끄러울까요?' 또는 '어느 것이 거칠까요?' (몬테소리, 『아동의 발견』, 175쪽)

---

8) 피드백이 얼마나 중요한가를 보여 주는 사례가 있다. 심리학자 로버트 F. 메이저는 학습 과정 전문가였다. 어느 날 한 전기 회사에서 이상한 일이 일어나고 있다고 그에게 도움을 요청했다. 그곳에서 납땜을 하는 여공들이 날이 갈수록 정확도가 떨어진다는 것이었다.
"납땜 여공들의 정확성이 꼭 필요한 장소였다. 여공들은 회사에 입사하자마자 납땜 기술을 배웠다. 어느 정도 그 기술이 몸에 익을 때까지는 콘베이어 벨트 작업이 허용되지 않았다. 그런데 매일 수백 번씩 납땜을 하는 여공들이 몇 주 지나지 않아 작업의 정확도가 떨어졌다." 이유는 이러했다. "여공들이 작업을 끝내고 나서 자기 작업 결과에 대한 피드백을 얻을 수가 없었다. 즉 잘되었는지 직접 눈으로 확인할 수가 없었던 것이다. …… 그러므로 정확도를 높이려면 자기 작업의 성과에 대해 규칙적으로 확인을 시켜 주는 수밖에 없었다. …… 그렇게 하자 당장 효과가 나타났다."

아동이 맞는 답을 할 경우, 그것은 이해를 했다는 뜻이다.

틀리면 수업을 중단하고 다음 기회로 미루어야 한다. 앞에서 이미 언급했듯이 교사는 "맞았다" 또는 "틀렸다" 하는 반응을 절대로 보여서는 안 된다.

"오류에 뒤따르는 침묵은 아동 의식의 영역을 손상시키지 않으므로 다음 수업은 성공적으로 앞의 수업과 **중첩**될 수 있다"(몬테소리, 『아동의 발견』, 176쪽).

세 번째 단계 역시 피드백을 예정하고 있다. 마리아 몬테소리의 말을 들어 보자. "세 번째 수업은 앞선 학습의 신속한 검사이다. 교사가 아동에게 '이건 어떨까요?'라고 묻는다. 아동이 이해했으면 '매끈해요', '거칠어요' 등등 예정된 대답을 할 것이다"(몬테소리, 『아동의 발견』, 176쪽).

제4장

피아제와 몬테소리[9)]

인식과 활동의 체계화

태어난 지 며칠밖에 안 된 갓난아이가 엄마 품에 안겨 있다. 배부르면서 졸리지 않으면 엄마를 쳐다보면서 손으로 잡으려고 한다.

보기 혹은 붙잡기. 이런 인식 과정과 행동 과정을 피아제는 "도식"이라고 지칭했다. 태어난 직후에는 보고 만지는 두 과정이 전혀 별개의 것이다. 아직 관련을 맺지 못하고 있다. 그

---

9) 이 장은 이 분야를 조금 더 깊이 있게 이해하고 싶은 독자들을 배려하였다. 여기서 우리는 스위스의 위대한 교육가 장 피아제의 연구 결과들을 요약하면서 마리아 몬테소리가 얼마나 정확하고도 천재적으로 현실 습득의 과정을 이해했던가를 꼼꼼하게 살펴보도록 하겠다.

피아제를 제대로 이해하자면 그에 필요한 상세한 내용도 조명해야 한다. 이런 어려운 부분도 마리아 몬테소리의 연구를 이해하는 데 도움이 되겠지만 모든 독자에게 필요한 것은 아니다. 그러므로 관심이 없는 독자는 이 장을 건너뛰어도 괜찮다.

래서 피아제는 이를 "고립된 도식"이라고 부른다.

아기는 곧 이 두 개의 "도식"을 조화시키는 법을 배운다. 사물을 잡고 나서 관찰하며 붙잡으려는 사물을 쳐다본다. 다른 말로 표현하면 붙잡기를 보기를 통해 조절하는 법을 배우는 것이다.

"고립된 도식"인 **보기**와 **붙잡기**가 피아제의 표현을 그대로 사용하면 **보기를 통해 조절된 붙잡기**라는 "보다 복잡한 도식"으로 바뀐 것이다.

이처럼 **보기**와 **붙잡기**의 조화를 피아제는—또한 현대 학습 심리학자들과 발달 심리학자들은—생명체나 살아 있는 유기체 모두에게 일반적으로 존재하는 경향, 즉 인식과 활동을 연관시키고 차례로 짜 맞추려는 경향이라고 보았다. 그는 이것을 **체계화의 경향**이라고 불렀다.

인식과 활동의 체계화 노력은 언제 어디서나 계속된다. 숨어 있다고 표현해도 좋을 것이다. 그러다가 한 도식이 적용 과정에서 "현실"과 갈등에 빠져 위험하거나 불필요한 것으로 입증되는 경우, 즉 "현실"과 (아직 혹은 더 이상) 조화되지 못하는 경우, 체계화 노력은 행동으로 옮겨진다.

이렇게 말할 수 있을 것이다. **체계화** 노력은 한 도식이 "실패"라고 입증되는 순간부터 시작된다. **보기를 통해 조절된 붙잡기** 도식에서 아동이 이것을 달에 적용하는 경우가 그것이다. 달은 붙잡을 수가 없는 것이기 때문이다.

보기를 통해 조절된 도식이 상대화되어 (부정적으로) 보충된다. 즉 내 눈으로 볼 수 있는 것은 전부 손으로 붙잡을 수 없다는 인식에 도달하는 것이다.

보기를 통해 조절된 붙잡기 도식을 뜨거운 열판에 적용하려는 노력 역시 또 하나의 의미—온도 감각—를 작동하고 확대함으로써 어쩔 수 없이 도식이 "현실"에 적응하는 결과를 낳는다.

간단한 도식은 이것을 내포하는 복잡한 도식이 되며, 다시 이들 복잡한 도식들이 결합되어 구조가 형성된다.

이렇게 볼 때 체계화 경향은 도식을 지속적으로 개선하는, 다시 말해 인식 및 그와 연결된 행동을 점점 더 정확하게 주변 세계에 적응시키는 동력이기도 하다. 그러므로 조직화 경향은 인간 내부의 기존 구조가 주변 환경의 변화된 구조를 만나게 될 때 항상 추진력을 얻는다.

인식 및 행동의 결과가 기대 도식에 맞지 않는 경우(예를 들어 달을 잡으려는 아이의 기대) 도식은 수정되어야 한다.

이런 일이 일어나고 또 가능한 이상, 지능은 발달한다.

하지만 그런 도식의 현실 적용을 방해하는 일련의 요소들이 있다.

이런 요소들은 대부분 지능이 자연적으로 발달하는 시기에 경험한 공포와 관련이 있다. 나이가 들면서 체계화 경향 또한 그 강도를 잃어 간다.

요점 정리: 체계화 경향이 도식을 지속적으로 개선하는 동력이라고 우리가 말할 때, 그것은 지능 발달이 인간 자체에서부터 나온다는 의미이다.

✱ 장 피아제와 마리아 몬테소리의 공통점 1

피아제는, 내적 구조가 그와 일치하지 않는 외적 구조와 만날 경우, 인간 내부에 지능 발달을 촉진하는 힘이 작동하게 된다고 보았다.

마리아 몬테소리는 이렇게 말했다. "자아는 자신의 에너지를 관리하는 민감한 힘을 이용하여 자신의 지능을 쌓아 간다"(몬테소리, 『아이들은 다르다』, 135쪽). 그 책의 다른 부분에서는 "신의 영혼"이 작동하고 있다고 말하기도 했다(몬테소리, 『아이들은 다르다』, 93쪽).

부연 설명: 교육학자들의 구조

이 책을 집필하기 위해 사전 작업을 하던 중 우리는 방송통신 교재 『교육 심리학』을 입수했다. 그 안에 보면 이런 구절이 나온다.

"피아제는 아동이 완벽하지는 않지만 몇 가지의 도식을 가지고 세상에 태어난다고 말했다. 아동은 자발적으로 이 도식을 실천하고 연습하려 한다.

이런 태도는 태어난 지 1개월 이내의 신생아에게서도 관찰될 수 있다. 아기는 반복하여 빨고 집중하여 쳐다보며 버둥거린다. 다시 말해 날 때부터 아주 적극적이며, 가지고 태어난 행동 방식의 레퍼토리를 **연습**하여 **강화한다**"(풍크콜렉, 74쪽, 강조 표시는 우리가 한 것이다. 저자).

이 책의 저자들은 이런 말로 도식이나 구조를 현실에 적용하는 방법이 가지는 의미를 밝히고 있다.

교육학자들은 학습 과정 이해를 설명할 때 **연습**과 **강화**라는 개념을 가장 중요시한다.

그러면서 이런 도식을 유아에게도 그대로 적용한다. 하지만 유아에게 "연습"이나 "강화"라는 말을 쓰는 것은 의미도 없을 뿐만 아니라 정당하지도 않다.

연습과 강화는 교육학적 과정에서 **의식적인** 사건이다. 하지만 이 자리에서는 무엇보다 생명 에너지의 방출에 기여하는 유기체가 전(前)의식적으로 또는 무의식적으로 하는 행위가 문제다. 그 과정에서 발생하는 학습 과정은 순전히 우연의 산물이다.

더구나 이런 생명의 표식이 "빨기"나 "버둥거리기"와 같은 기존 구조의 개선에 기여한다는 이 책의 주장에 이르면 정말 대책이 없어진다. 이런 두 종류의 구조나 행동 도식은 이미 완벽하게 발달되어 있어 더 이상의 개선이 불가능하다는 사실을 염두에 두어야 할 것이다.

그러므로 이 교재의 저자들은 우리의 기존—이 경우 직업에 의해 결정된—**구조**가 우리 현실 구성이나 현실 인식에 어떤 영향을 미치는지 탁월하게 보여 주고 있는 셈이다.

이들 저자들은 마리아 몬테소리의 전기 작가 리타 크레이머가 범했던 오류를 피아제를 대상으로 반복하고 있는 것이다 (이 책의 28~29쪽을 참조할 것).

동화

   동화라는 개념을 직접 언급하지는 않았지만, 우리는 앞에서 **보기**와 **붙잡기**라는 "고립된 도식"의 적용을 말하고 이것이 어떻게 **보기를 통해 조절된 붙잡기**라는 보다 복잡한 도식으로 바뀌는가를 설명하면서 이미 동화라는 주제를 다루었다.

   동화란 기존 도식의 적용을 지칭하는 피아제의 개념 이상이 아니다. **보기를 통해 조절된 붙잡기** 도식을 하늘에 있는 달이나 가까이 있는 열판에 적용하는 것 역시 도식의 "동화"이다.

   인간은 알지 못하는 새로운 상황에 들어가는 경우 우선 기존 도식과 그 구조를 사용하려고 애쓴다. 달리 무슨 대안이 있겠는가? 그러니 새로운 상황을 "이해"하고 그것과 대결하고자 기존 도식이나 구조를 새로운 현실에 적용하는 수밖에 없다.

   기존 동화 도식이 적을수록 생명체는 보다 많은 현실의 부분들을 기존 도식을 이용하여 "파악"하려고 노력한다. 피아제는 이를 **빨기** 도식을 이용하여 설명하였다.

   아기는 가슴이나 젖병 이외에 손가락이나 시트 끝자락을 빨고 장난감을 핥는다.

   손에 잡히는 것은 뭐든지 빤다.

   그런 "빨기 도식의 사용"이 긍정적인 결과를 가져올 경우 도식은 수정되어 **엄지손가락을 찾아 입에 넣어 빨기** 도식이 된다. 아동은 행동을 반복할 수 있고 또 그렇게 한다. 피아제의 말을 그대로 옮겨 보면, 아동은 새로운 도식, **엄지손가락을 찾**

아 입에 넣어 **빨기**에 동화된다는 것이다.

적응

적응이라는 개념 역시 앞에서 이미 살펴보았다.

우리는 앞에서 도식의 구별과 현실 적응에 관해 언급하였다. **붙잡기**와 **보기**라는 "고립된 도식"의 사례를 다시 한 번 살펴보자. 이 도식은 아동의 초기 경험을 통해 보다 복잡한 도식 **보기**를 통해 조절된 **붙잡기**로 넘어갔다. 피아제의 표현을 빌리면 적응이 된 것이다.

피아제는 이 개념을 보다 구체적으로 설명하기 위해 자기 딸과 종이 수탉 인형의 이야기를 들려주었다. 피아제의 딸이 격자가 있는 아기 침대에 앉아 있었다. 벌써 격자 사이로 이것저것 끌어다가 제 앞에 늘어놓았다(동화 도식: 보기, 붙잡기, 끌어당기기). 피아제는 앞에서 말한 종이 수탉 인형을 딸 앞에다 놓아주었다. 하지만 연구를 위해 일부러 가로로 놓았다. 딸아이는 그것을 침대 안으로 끌어당기려고 애를 썼다. 여러 번 실패 끝에 종이 인형을 똑바로 세워 격자 사이로 **빼내는** 데 성공했다.

보기, 붙잡기, 끌어당기기의 동화 도식에 이제 **바로 세우기**라는 도식이 추가되었다. 그 결과—피아제의 용어를 그대로 사용하면—보기, 붙잡기, 끌어당기기, 바로 세우기의 동화 도식에 적응이 된 것이다.

동화와 적응 개념을 이해하기 위해서는 지능 구조의 형성이 외부에서부터 습득한 지식의 축적으로는 가능하지 않다는 사실을 분명히 한다. 우선 개별 감각과 기관 또는 그 감각과 기관의 활동이 결합된 도식의 시험, 발전, 새로운 시험, 재발전 등이 중요하다. 이런 도식은 인식을 구조화하고 결정하며 현실과 갈등에 빠질 경우 특정한 조건에 순응한다. 즉 적응을 하는 것이다.

* 장 피아제와 마리아 몬테소리의 공통점 2

피아제는 지능의 발달이 내면 도식과 구조가 외부 현실에 지속적으로 적응하는 것이라고 말했다.

마리아 몬테소리는 이렇게 썼다. "아동을 관찰해 보면 기계적 심리학이 주장하듯 아동의 지능이 천천히, 외부로부터 형성되는 것이 아님을 알 수 있다…… . 아동은 능동적인 관찰자이며 감각을 이용하여 외부의 인상을 받아들인다. 하지만 이 말은 아동이 외부 인상을 거울처럼 무심하게 받아들인다는 주장은 결코 아니다. 관찰하는 사람은 특별한 선호를 바탕으로 내적 동기, 감정으로부터 관찰하여, 그를 통해 수없이 많은 인상들 중에서 극히 특정한 것을 선별한다"(몬테소리, 『아이들은 다르다』, 93쪽).

두 위인에게는 일치하지 않는 지점도 있다. 피아제는 동화나 적응을 통해 구조를 현실에 적응하는 과정이 어쩔 수 없이 결국은 무의식적으로 진행되는 과정이라고 보았고, 그의 이런

116

주장은 옳았다.

마리아 몬테소리는 아동이 현실을 능동적으로 습득하는 과정이 의식의 과정일 수도 있다는 가능성을 어느 경우든 열어 두었다.

하지만 이런 과정이 자연 현상처럼 일어난다는 사실도 정확히 알고 있었다. 카사 데이 밤비니에서 쓰기 시간에 일어난 일을 설명한 그녀의 글에서 이를 알 수 있다. "쓰기 능력이 이처럼 발현되리라고는 전혀 예상치 못했다. 교사가 나를 찾아와 '이 남자 아이가 어제 세 시에 글자를 쓰기 시작했어요.'라고 말했다. 우리는 기적을 목격한 사람들처럼 어쩔 줄 모르고 서 있었다"(몬테소리, 『아이들은 다르다』, 185쪽).

반복

종이 수탉 인형을 격자가 있는 침대 안으로 끌어당기던 딸아이를 지켜보면서 피아제는 특이한 사실을 발견하였다. 아이는 마침내 인형을 침대 안으로 끌어들인 후 그것을 다시 밖으로 밀었고 이렇게 밀고 당기기를 여러 차례 반복하였다.

이처럼 적응을 통해 세분화된 도식의 반복 적용을 피아제는 4개월 이후의 유아들에게서 자주 목격하였다.

아이들을 오래 관찰한 사람일수록 그런 반복 행위를 많이 보았을 것이다.

현실 습득의 각 단계에서는 아동의 인식 및 그와 연관된 행위나 동작을 통해 (뇌에서만이 아니라) 전 신체 안에 구조가 형성되며, 이는 다시 미래의 인식과 경험에 "모델"이 된다.

반복은 뇌와 다른 신경 시스템 속에 구조와 모델이 생겨나 "완성"될 수 있기 위해서는 필수적으로 거쳐야 하는 과정이다. 그런데 우리가 말하는 반복은 학교에서 배운 "연습"과는 전혀 다른 것이다. 구조가 "완성"되면 아동은 알아서 반복을 중단한다. 그럴 경우 앞에서 몬테소리가 설명한 그런 만족과 평온의 표정이 아이의 얼굴에 떠오른다(이 책의 55쪽을 참조할 것).

만약 그 과정이 방해받거나 중단될 경우, 아이는 기회가 있을 때마다 이런 습득 과정을 처음부터 다시 한 번 반복할 수밖에 없다("클라우시와 나눗셈"을 참조할 것, 90~91쪽).

* 장 피아제와 마리아 몬테소리의 공통점 3

피아제는 반복을 도식 변화 및 지능 적응이라는 자발적인 과정의 통합된 구성 요소라고 말했다.

마리아 몬테소리는 『아이들은 다르다』에서 세 살배기 여자아이가 나무 원기둥을 구멍에 꽂았다가 꺼내기를 반복하던 광경을 묘사하였다. 아이는 이 행동을 계속 반복했다. 마리아 몬테소리는 그 횟수를 세면서 다른 아이들을 부추겨 갖가지 "방해 책동"을 폈지만 아이는 전혀 흔들리지 않았다. 마흔 두 번을 반복한 후 마침내 아이는 동작을 멈추었다(이 책의 55쪽도 참조할 것).

지각기

앞에서 설명한 유아기의 도식 발달은 오직 감각(센스)을 이용한 인식과 사지 및 신체 활동과 관련이 있다. 그 때문에 생후 24개월을 "지각기"라고 부른다. 도식의 순수 지각적 사용은 18개월부터 그와 연관된 "관념"으로 전환된다는 것이 일반적인 이론이다.

이 첫 단계에 이미 시간, 공간, 인과, 유사, 동등과 관련된 도식과 구조가 발달된다.

이것은 후기 단계에서도 큰 의미를 갖는 구조와 도식이다.

이런 도식은 생후 2년 동안 구체적인 행동에서 "명백하게" 관찰이 가능하다.

그 이후에도 그런 도식과 구조는 오로지 인식과 행동의 조화를 통해서만 변화된다.

하지만 후기에는 "생각", 즉 내적 행동의 사건 또한 존재하기 때문에 그 발달 과정을 처음처럼 "명백하게" 관찰하기가 쉽지 않다.

조작기

지각기 행동 도식에서 관찰되던 반복은 아동의 "내부"에 확실한 흔적과 추가 과정을 남긴다. 이를 우리는 정신 도식이라고 부른다. 이제 아동은 정신적 차원의 행동을 통해 세계와 접촉하는 횟수가 늘어난다. 그런 정신적 행동을 피아제는 조작이라고 불렀다.

조작은 정확히 말해 흔히 우리가 "생각"이라고 부르는 것이다.

우리는 동화가 일반화한다는 사실을 살펴보았다.

이런 경향은 개념의 형성, 다시 말해 개나 고양이는 "동물", 탁자나 의자는 "가구", 야나, 클라우스, 미아, 톰은 "아이들"이라는 식의 등급 지칭에 이용되는 단어의 형성에도 영향을 미친다.

두 살배기 아이가 "생각"을 할 수 있다는 말은 "지능"이라고 총괄할 수 있을 그의 도식이나 구조가 정신적 차원에서도 **계속 발달**할 수 있다는 뜻이 아니다. 아동에게 특정한 사물을 설명하려고 애를 쓰는 성인들이 저지르기 쉬운 오류이다.

그럼에도 그런 종류의 설명("왜"라는 질문에 대한 대답)은 아이들에게 중요하다. 우리 문화에서 중요한 자리를 차지하는 커뮤니케이션 의식을 가르쳐 주는 것이기 때문이다.

하지만 이것을 지능 발달에 기여하는 행동이라고 생각한다면 이는 아주 잘못된 생각이다.

지능이 발달하려면 아직도 한참 동안—정확히 말하면 일생 동안—현실과의 직접적인, 다시 말해 행동하는 접촉이 필요하다.

그리고 이런 일은 기존 구조를 정신적으로 사용하여 얻은 행동이 현실과 조화를 이루지 않을 때 일어난다.

구체적인 예를 들어 보자. 엄마에게 선물을 하면 엄마가 좋아하실 거라고 아이는 생각한다. 엄마가 꿀을 좋아하기 때문에 아이는 꿀 한 잔을 이웃집에서 "가져오자"고 생각한다. 그리고 생각을 행동으로 옮겼다. 엄마의 반응을 보고 "꿀은 엄마의 기쁨"이라는 도식이 맞지 않음을 깨닫는다.

이렇게 볼 때 구조의 적용은 후기에 와서도 앞에서 설명한 민감기의 방식과 다르지 않게 일어난다는 사실을 알 수 있다.

조작이 얼마나 오랫동안 그리고 얼마나 천천히 발달하는 것인가를 보여 주는 한 실례가 있다.

피아제는 아동이 그림으로 자기 생각을 아주 잘 표현할 것이라고 가정했다. 그리고 그의 이런 가정은 일련의 경험적 연구를 통해 입증되었다.

그래서 그는 아이들에게 생각나는 대로 그림을 그리게 했다. 그리고 그 중에서 자기 생각에 가장 가까운 것을 골라 내게 했다.

이 방법으로 그는 4~8세 사이의 아동이 잔이 꽉 차 있거나, 반쯤 차 있거나 아니면 비어 있음을 상상할 수 있다는 사실을 알게 되었다. 다시 말해 이들은 "내면"에서 정적인 상황을 모사하고 그에 관해 생각할 수 있는 것이다.

하지만 잔에 물을 따르면서 물이 차 오르는 광경을 상상하는 데는 어려움을 겪었다. 다시 말해 "내면"에서 역동적인 상황을 모사하고 그에 관해 생각하는 일이 쉽지 않았던 것이다. 성공을 하더라고 과정의 한 측면만 생각했지 여러 사물을 서로 조화시키지는 못했다. 이러한 예에서 우리는 지각기의 급속한 지능 발달이 조작기에 와서는 같은 속도를 유지하지 않는다는 사실을 알 수 있다.

* 장 피아제와 마리아 몬테소리의 공통점 4

장 피아제는 아동이 "물을 따르는" 역동적인 상황을 상상하는 데는 어려움이 있다고 말했다.

마리아 몬테소리의 일상 생활 교구에는 작은 주전자와 여러 크기의 잔이 있다. 아이들은 이것을 이용해 물을 따를 수 있다. 하고 싶을 때마다 물을 따르면서 아이들은—자연스럽게—"질량 불변의 법칙"을 체득하게 된다. 즉 그들이 잔에 따른 물은 양이 같다는 사실을 깨닫게 되는 것이다. 어른들에게는 자연스러운 현상이 아이들에게는 엄청난 발전일 수도 있다.

의식적 학습과 무의식적 학습

디네스(Z.P. Dienes)는 미국의 유능한 교사로 70년대 "집합론의 아버지"로 서구 여러 나라에서 이름을 날렸다.

"디네스 블록"이라는 그가 개발한 교구는 집합의 성질을 가르치는 수업 시간에 활용되었다.

"디네스 블록"은 형태(원, 정사각형, 삼각형, 직사각형), 색(파랑, 노랑, 초록, 빨강), 크기에 따라 나누어진다. 블록을 이용해 서로 같음(Gleichheit)과 같지 않음을 가르치는 것이다. 그뿐만 아니라 전체 집합 "디네스 블록"에서는 초록색 블록 또는 삼각형 블록 등과 같은 부분 집합을 분리하는 연습도 가능하다. 이처럼 여러 가지 특징을 이용해 (예를 들어 빨간 정사각형) 연습을 계속할 수 있다. 교집합을 만드는 연습도 가능하다.

디네스는 자신의 블록을 공립 학교에 도입함으로써 이미 20년 전에 죽은 마리아 몬테소리와 그녀의 교육 운동에 심각한 해악을 끼쳤다. 그 이유는 그가 자신의 발명품이 마리아 몬테소리의 교구를 모델로 삼았다고 떠들고 다녔기 때문이다.

실제로 어느 정도의 유사성은 분명히 있다.

하지만—특히 의도에서—차이 역시 간과할 수 없다. 어떠한 몬테소리 교육 기관에서도 일반 교육용 교구는 사용되지 않는다. 몬테소리 기관에서는 항상 아동의 자발성이 최우선이다. 아동의 자발성이란 자극이나 지도가 가능하다 해도 자연 발생적인 것이다.

몬테소리 교육 기관에서는 어떤 아동도 원하지 않는 것을 할 필요가 없다. 강요는 마리아 몬테소리의 교육 목표에 위배되는 것이다.

만일 디네스 교수가 몬테소리 원칙을 따랐더라면, 교구를 대량으로 판매하여 부자가 되지 못했을 것이다.

호르스트 슈파이헤르트는 교사용 (교육 관련) 잡지의 편집장이었다. 그는 집합론이라는 유령을 다시 호리병 속에 집어 넣는 데 결정적인 공헌을 했다. 베를린 막스 플랑크 연구소의 카이텔과 다메로우 역시 그와 함께 중요한 역할을 했다. 그들은 그 블록이 아이들에게 이해할 수 없는 내용—구조—을 가르친다는 이유로 디네스를 비판하였다.

호르스트 슈파이헤르트는 이해하는 것만 가르쳐야 한다는 논리를 옳다고 보았던 것이다.

오늘날 이런 논리는 틀린 것으로 판명되었다. 하지만 디네스에게 선전 포고를 했다는 사실은 높이 평가되고 있다. 우리 내면의 지적 구조는 항상 우리가 알지 못하는 사이, 즉 우리 의식의 배후에서 형성되고 있다. 이것은 근육의 성장과 흡사하다. 우리는 트레이닝 등을 통해 근육 형성을 촉진할 수 있으며 또 그 결과를 보고 놀랄 수 있다. 하지만 그런 현상이 실제로 어떻게 이루어지는지, 즉 근육이 어떻게 성장하는지는 알 수 없다.

물론 아동은 특정 지점에 오면 자신의 학습 과정을 이해한다. 다시 말해 습득한 개념을 사용하기 시작한다. 마리아 몬테소리가 들려준 실례를 한 번 살펴보자.

"언젠가 한 유명 인사가 아이들에게 기하학 형태의 비스킷을 나눠 준 적이 있었다. 아이들은 그걸 먹지 않고 큰 관심을 보이면서 '이건 원이야!', '이건 정사각형이야!' 라고 소리를 질렀다. 또 다른 멋진 일화도 있다. 부엌에 있던 엄마 곁으로 다가온 아이는 엄마가 손에 들고 있던 버터를 보고 '이건 정사각형이야.' 라고 말했다. 엄마가 한쪽을 떼어 내자 아이는 그걸 보고는 '엄마가 삼각형을 떼어 냈어.' 라고 또 말했다. 그

러더니 이렇게 덧붙였다. '남은 건 사다리꼴이야!'"(몬테소리,
『아이들은 다르다』, 174/175쪽).

몬테소리 : 피아제와의 "조우"

장 피아제에 대해선 더 할 말이 많다. 그는 단순한 천재가
아니라—나폴레옹의 말처럼—부지런한 천재였기에 열두 권이
나 되는 저서를 남겼다.

하지만 마리아 몬테소리 역시 그에 못지않은 부지런한 천
재였다. 그래서 당대의 심리학과 장 피아제에 관해서도 지식
이 풍부했으며 이를 적극 활용하였다.『아이들은 다르다』에서
그녀는—직접 이름을 거론하지는 않았지만—"제네바의 한 교
수"라는 말로 장 피아제를 언급하였다. "질서 민감기"의 증거
로서 그를 활용하였던 것이다(102~105쪽도 참조할 것).

"아버지는 물건 하나를 소파의 쿠션 아래에 숨긴다. 그런
다음 아이가 안 보는 틈을 타서 맞은편에 놓인 두 번째 소파
의 쿠션 밑으로 옮긴다. 아이가 처음으로 그 물건을 본 장소
에서 그것을 찾다가 없으면 다른 장소에서 찾아볼 것이라는
가정을 하고서 말이다. 하지만 아이는 첫 번째 소파 쿠션만 들
추어보았을 뿐이다. 더 찾아보지도 않고 그냥 '여기 없어요!'
라고 말했다. 그래서 교수는 아이가 보는 앞에서 물건을 한 소
파에서 다른 소파로 옮겨 놓았다. 하지만 이번에도 아이는 똑
같은 말과 행동을 했다. '여기 없어요!' 이해를 못하는 아이

가 답답해서 교수는 두 번째 소파 쿠션을 들춰 보이면서 말했다. '내가 여기다 갖다 놓는 거 못 봤니?' 아이는 대답했다. '봤어요. 하지만 여기 있어야 하는 거잖아요.' 그러면서 첫 번째 소파를 가리켰다.

아이에게는 물건을 찾는 게 중요한 것이 아니었다. 물건을 제자리에 갖다 놓는 것이 더 중요했던 것이다. 아버지가 놀이를 제대로 이해하지 못했다고 생각하면서 말이다"(몬테소리, 『아이들은 다르다』, 83/84쪽).

이런 설명을 하면서 마리아 몬테소리는 장 피아제를 고소하게 생각했을까?

제5장
아동과 몬테소리 교구 또는 자유의 문제

　내적 동기의 기본 원칙은 앞에서 말한 것과 같다. "인간은 새로운 것에 반응한다. 그러나 너무 새로운 것에는 반응하지 않는다."

　피아제의 이론을 적용하면, 인식 구조/ 행동 구조와 그것의 사용 가능성 사이의 불일치가 지능의 지속적인 발달을 추진시킨다는 것이다.

　이 두 이론은 말은 달라도 의미는 동일하다.

　여기서는 교사가 중요하지 않을 뿐 아니라 오히려 장애물이 된다. 교사는 세계의 구조와 개인의 내적 구조 사이에 순간적으로 발생하는 것을 외면하기 때문이다.

　피아제는 이렇게 말했다. "아동에게 무언가를 가르쳐 주는 것들, 그것들을 아동은 더 이상 스스로 발견할 수 없다." 덧붙여 설명하자면, 아동 스스로가 발견한 것만이 문제를 이해하고 해결하는 아동의 능력을 높여 준다는 것이다.

교사는 **준비된 환경**의 특별 구성 요소이다. 그 중요성에 대해서는 앞에서 이미 설명하였다.

우리는 지능이 환경과의 접촉에서 너무 간단하게 형성되는 것임을 백만 년 동안 깨닫지 못하였다. 우리는 지능이 이런 환경의 습득과 그 변화 과정의 산물임을 백만 년 동안 깨닫지 못하였다.

몇 백 년 동안 우리는 아이들에게 학습을 통해 지능을 불어넣어 줄 수 있다고 생각해 왔다.

마리아 몬테소리는 세계를 이해하는 인간의 힘이 실제로 어떻게 발전되는 것인가를 일생 동안 연구하였다. 아이들을 관찰하여 직접 목격한 것을 진지하게 받아들이면서 말이다.

그녀는 제대로 된 교구를 제공할 경우 아이들은 자발적으로 사물에 관심을 보인다는 사실을 알게 되었다.

그리하여 그녀는 **자유 선택의 원칙**을 주장하였다.

그리고 수많은 교구를 개발하였다. 그녀는 이 교구들은 자제와 겸손을 교육받은 교사들과 더불어 **준비된 환경**이라고 불렀다.

그리하여 그녀는 아동 **스스로에게서 나온**, 이미 습득된 아동의 구조에 기초를 둔 에너지가 습득 과정을 촉진한다는 결론을 내리게 되었다.

더 나아가 아동은 **외부의 영향을 전혀 받지 않기 때문에** 반드시 필요한 발전의 다음 단계를 정확하게 찾아낼 수 있다는 결론에 이르렀다.

그녀가 정성을 다해 개발한 교구의 **다양함**으로 미루어 보건 대, 아동은 자신의 발달 단계에 맞는 도전을 제때에 찾아낼 수 있다는 사실을 알 수 있다.

어린이 집에 자유 선택의 원칙을 도입한 후 마리아 몬테소리는 아이들이 그녀가 개발한 교구를 어떤 것은 손도 대지 않은 반면, 어떤 것은 아주 좋아했다고 말하였다. 그런 말을 하면서도 아주 태연했다. 그것이 지극히 정상임을 알고 있었던 것이다. 아이들은 자신의 발달을 스스로 조절하는 대가이기 때문이다.

하지만 마리아 몬테소리의 제자들은 그와 같은 여유를 보여 주지 못했다.

앞에서 언급했던 하인슈토크 여사는 부모들에게 아이들을 몬테소리 방법으로 교육시키라고 충고하면서 "항상 주도적인 역할은 아이 자신에게 맡겨야 한다"고 주장했다. 하지만 "아동이 무엇을 배우느냐 하는 것은 전적으로 교사 혼자 결정한다"고 말했다(하인슈토크, 7/8쪽).

이런 원칙은 마리아 몬테소리가 끊임없이 강조한 아동 자유의 원칙[10]에도 위배될 뿐 아니라 피아제를 비롯한 여러 교

---

10) 가장 중요한 것은…… 정신이 주도한 손동작이 임의의 외부 대상과 더불어 작업에 집중하는 활동이다. 이 경우 연습의 반복이나 대상의 자유 선택처럼 그 행동 원인을 분명하게 알 수 있는 몇 가지 특징적인 현상이 나타난다. 그리고 나면 진정한 아동이 그 모습을 드러낸다. 기쁨에 겨워하는 환한 표정으로 지칠 줄 모르고 손동작에 사로잡힌 아동이 등장하는 것이다. 아동의 삶에서 활동이란 모든 발달과 밀접한 관계를 맺고 있는 영혼의 신진 대사와 같은 의미이기 때문이다. 따라서 그 순간부터 모든 것은 아동 자신의 선택에 따라 진행된다(몬테소리, 『아이들은 다르다』, 193쪽).

육학자들이 주장한 지능 발달의 법칙에도 어긋난다.

직업적인 몬테소리 교육학자들 역시 의견이 분분하다.

아이들이 준비된 환경에 있는 교구들을 가지고 놀지 않는 경우도 허다하다. 가지고 논다 하더라도, 교육자들이 기대하거나 바라는 형식이 아닌 경우도 있다. 이러저러한 교구를 가져가서는 마리아 몬테소리가 생각했거나 지시했던 방법과는 전혀 다르게 제멋대로 가지고 노는 것이다.

『일상 생활』의 서문에서 잉그리트 게슬라인(Ingrid Geßlein)은 이런 말을 했다.

"아이들이 교구를 '부적절하게' 사용하는 상황을 어리석게도 환상의 표현이라고 해석하는 경우가 잦다. 여기서 부적절하다는 말은 예를 들어 갈색 계단을 기차처럼 가지고 노는 경우 이 교구를 통해 세계를 개척한다는 원래의 가치가 개발되지 못할 수가 있다는 뜻이다"(게슬라인, 『일상 생활』, 11쪽).

그건 그렇지가 않다. 몬테소리가 본능적으로 파악했던 법칙들, 또 피아제가 탐구했던 학습과 발달의 법칙들이 맞다면, 아동이 자유로운 활동을 통하여 세계를 습득하지 못하는 경우란 있을 수 없다.

하지만 게슬라인의 다음 지적은 정확하다.

게슬라인은 몬테소리 교구를 그렇게 "환상적"으로 다루는 아이들의 경우 "그 교구를 가지고 놀기에는 너무 이르거나 너무 늦어 버렸다"는 점을 지적하였다.

아이들의 그런 반응이 "수업을 전혀 이해하지 못했을" 때도 나타난다.

그럴 경우 아이들은 그 교구의 수준에 못 미치거나 그 수준을 이미 넘어선 것이라고 보아야 한다.

게슬라인은 몬테소리 교구를 제멋대로 가지고 노는 것이 "아동이 자신의 상상력을 현실에서 도피하거나 현실의 인상으로부터 자기 자신을 보호하는 데 사용하고 있다"는 증거라고 말했다. 이 말도 상당히 일리가 있다. "아동이 다른 방법으로는 소화해 낼 수 없는 생활 조건(가정 폭력, 성폭행, 열등감, 거부를 당할지도 모른다는 두려움, 부모의 이혼 등)에서 괴로움을 느끼고 있는 경우가 그러하다. …… 이럴 경우 교사의 할 일은 아동에게 '치유' 활동에 도움이 되는 사람이나 그러한 교구를 제공하는 것이다. 그런 아동에게는 용기를 꺾는 명령이나 상처받기 쉬운 지점을 건드리는 비판보다는 용기를 북돋아 주는 것이 필요하다"(게슬라인, 『일상 생활』, 11쪽).

자연 법칙을 불신해서는 안 된다. 인간의 정신은 발전에 유익한 자극이 많은 환경에서 도식이나 구조를 현실에 보다 잘 적응시키고, 그로써 이런 현실을 정신적으로 보다 잘 극복하도록 이끌어 주는 도전을 자발적으로 찾아낸다. 이것이 자연의 법칙이다.

몬테소리가 말한 준비된 환경에는 아동과 아동의 가능성에 대한 신뢰도 포함된다. 다시 말해 아이들에게 시간을 주어야 하는 것이다. 물론 아이들을 관찰하면서 필요한 경우 도움과 지원을 주어야 한다. 하지만 절대로 강요해서는 안 된다. 의심스러운 경우에는 아이들을 존중하며 그대로 두는 것이 항상 더 낫다.

물론 그렇게 하는 것이 쉽지는 않다. 몬테소리 원칙에 따른 교육 기관을 최초로 세웠던 레베카 빌트(Rebeca Wild) 역시 그런 경험을 하였다.

"실전 경험이 부족한데도 아이들의 숫자가 많아짐에 따라 부모들만이 아니라 우리 자신들도 예상하지 못한 결과들이 쏟아져 나왔다.

그 한 예가 키 작고 뚱뚱하고 버릇없는 여자 아이였다.

아이는 석 달 동안 어린이 집에 와서 쓸기, 닦기, 접시 닦기밖에 한 일이 없었다. 어느 날 최상류층 신사인 아이의 아버지가 아이를 데리러 와서는 진지한 표정으로 내게 물었다. '대체 여기서 내 딸아이한테 뭘 시킵니까?' 그런 일이 처음이라 당황한 나는 궁지에 몰린 사람처럼 신사에게 몬테소리 시스템에 대해 간략하게 설명하려고 애를 썼다. 하지만 신사는 손사래를 치며 나를 막더니 그건 알고 싶지 않다고 말했다. '이 유치원에 오기 전에는 딸아이가 나한테 전혀 무관심했지요. 그런데 지금은 날 무척 사랑한답니다. 어떻게 했길래 그렇게 되었는지 그걸 알고 싶은 겁니다.' 라고 설명했다"(빌트, 『존재를 가르치는 교육』, 21쪽).

네 살배기 남자 아이의 경우도 그런 실례 중 하나이다. 아이는 두 달 동안 가만히 앉아 있거나 서 있기만 했다. 교구를 가지고 놀지도 않았고 그룹 활동에 참가하지도 않았을 뿐 아니라 아예 그런 일에는 관심조차 없는 것 같았다. "공이 발치에 굴러 와도 심드렁한 표정을 띨 뿐이었다. 더구나 자기 이름을 말하는 자리에서 두 살 많은 형의 이름을 댔고 나를 부를 때는 형의 선생님 이름을 불렀다. 아동의 '자발적인 적극성' 이론을 배운 나로서도 정말 심각한 시험의 무대였다. 아이에게 뭔가를 시키고 싶어 근질거리는 마음을 다스리느라 애를 쓴 적이 한두 번이 아니었다. 그 일이 마리아 몬테소리의 책을 장식하고 있던 아동의 자기 교육 능력에 대한 나의 믿음을 송두리째 꺾어 버리려는 것만 같았다."

레베카 빌트는 이 아이 때문에 심한 압박감을 느꼈다. 자신을 너무 괴롭히지 말자는 생각에 그녀는 속으로 아이에게 3개월의 시간을 주었다. "이 시한을 며칠 앞둔 어느 날 아이는 발치에 굴러온 공을 처음으로 찼다. 다음날 아이는 굶주린 사람처럼 서랍 속에 놓여 있던 교구를 향해 돌진하였고, 동작 하나하나에서 아이가 '무위(無爲)'의 관찰을 통해 교구 사용법을 아주 잘 알고 있었다는 사실이 드러났다. 한 주 후 아이는 그룹 놀이를 조직하고 또 주도하였으며, 매일 수도 없이 밝은 목소리로 이렇게 외쳤다. '요, 요, 요 키에로(저요, 저요, 제가 할게요).

아이가 학교를 마칠 즈음 아이의 부모가 우리를 저녁 식사에 초대하여 감사의 뜻을 전했다. 어린 파울이 이 10개월 동안 엄청나게 발전하여 칼리에서 가장 좋은 학교에 다니는 형을 자신감이나 자발성, 반응력, 관찰력, 협동심에서 월등히 앞섰다고 그들은 주장했다"(빌트, 『존재를 가르치는 교육』, 22쪽).

학습 심리학은 이런 현상에 대해서도 잘 알고 있다. 학습 심리학은 이를 "학습의 고지대"라고 부른다. 그 시기 동안 겉보기에는 아무것도 하지 않고 확인 가능한 학습의 진척도 없었지만, 바로 그것이 레베카 빌트가 3개월의 시한이 다 가기 전에 확인할 수 있었던, 그런 힘찬 도약의 발판이 된 것이다.

적극적 인내심, 다시 말해 자연 법칙에 따른 학습 과정을 잘 알고 신뢰함으로써 가능한 인내심은 특히 정상적인 발달에서 일탈할 수밖에 없는 아이들에게는 대단히 중요하다.

그렇기 때문에 머뭇거리며 기다리는 아이들을 존중해 주는 적극적인 인내심이 너무도 중요하고 효과적이라는 사실을 보여 주는 몇 가지 예를 여기서 더 들어 보겠다.

마리아 몬테소리는 『아이들은 다르다』에서 이른바 "특권 사회 계층"의 아이들에 대해 언급하였다. 이런 아이들이 몬테소리 교육 기관에 오면 "이미 이상한 물건이나 비싼 장난감을 신물나도록 가지고 놀았기 때문에" 처음에는 별 흥미를 느끼지 못하며 그런 종류의 자극에 대해 거의 반응을 하지 않는다 (몬테소리, 『아이들은 다르다』, 200쪽). 그 예로 몬테소리는 워싱턴 출신의 미스 G라는 한 미국인 여교사의 말을 인용했다. "아이들이 물건을 서로 뺏으려고 잡아당겼다. 한 아이에게 교구를 보여 주려고 하면 다른 아이들이 손에 들고 있던 것을 집어 던지고 소리를 지르며 무조건 우리한테로 달려들었다. 내가 교구 하나를 끝까지 설명하고 나면 모두들 서로 가지려고 뒤엉켜 싸웠다."

그녀는 아이들이 몬테소리의 수업 교구에는 전혀 관심을 보이지 않자 상당히 절망하였다.

"아이들의 동작이 전혀 목적이 없을 때도 종종 있었다. 아이들은 정해 놓은 목표 지점도 없이 방 안을 돌아다녔다. ……

탁자에 가서 부딪히고 의자를 집어 던지고 교구를 사정없이 밟고 다녔다."

하지만 이 교사는 꾹 참고서 아이들이 다른 아이를 때리거나 물건을 부수지 않는 이상 간섭하지 않고 가만히 내버려두었다. 드디어 몬테소리가 거듭 강조했던 무간섭의 결과가 나타났다.

"며칠 동안 소용돌이 치는 작은 부분들이 안개처럼 흐리게 뭉쳐 다니더니 서서히 확고한 형태를 띠기 시작했다. 아이들이 차츰 내적 방향을 찾았던 것이다. 멍청한 장난감이라고 처음에는 거들떠보지도 않던 교구들을 향해 아이들이 관심을 보이기 시작했다. 그러면서 독립적이고 아주 분명한 개별 존재로 행동하기 시작했다. 그리하여 한 아이가 관심을 보이는 교구는 다른 아이들에겐 전혀 매력을 발산하지 않게 되었다. 이들이 자기 안에 숨어 있는 깊고 자발적인 관심을 일깨워 줄 특별한 교구를 발견했을 때, 비로소 게임은 최종적으로 승리를 거두었다."

그렇다. 이를 요즘의 용어로 설명하면, 그 아이들은 자신의 내적 구조와 가장 불일치하므로 습득 과정을 작동시키는 그 어떤 것을 발견하였던 것이다.

다시 미스 G의 말을 들어 보자. "이따금 이런 열정은 뜻밖의 모습으로 찾아온다. …… 처음에는 집중력이 적었던 한 아이가 이른바 길이와 같은 가장 어려운 대상에 몰두하면서 이런 혼란의 상태에서 빠져 나온다. 아이는 일주일 동안 계속 같은 교구를 가지고 놀면서 계산을 하고 간단한 덧셈을 한다. 그런 다음에 원기둥 꽂이 같은, 그보다 덜 어려운 교구로 되돌아가 그 교구의 모든 부분에 관심을 가진다."

이런 설명은 성인들의 인식이 당연히 주관적일 수밖에 없음을 다시금 보여 준다. 내면 발달의 논리에 따르면, 아이가 "되돌아간" 교구는 아이한테는 절대로 "덜 어려운" 것이 아니었다. 물건에 관심을 보일 경우 아이는 항상 앞에서 계속 인용했던 내적 동기의 원칙을 따른다. "인간은 새로운 것에 반응한다. 그러나 너무 새로운 것에는 반응하지 않는다."

미스 G에게는 길이가 원기둥 꽂이보다 어려웠다. 그녀의 논리대로라면 관심의 순서가 원기둥 다음으로 길이가 와야 한다. 하지만 그 아동의 경우에는 순서가 뒤바뀌었던 것이다.

이는 교육자들이 교구 제공에 신중해야 함을 보여 주는 사례이다. 몬테소리 교사 교본에도 나와 있듯이 경험에 바탕을 두고 순서를 정할 수는 있겠지만, 개별적인 경우 그 순서가 달라질 수도 있다는 가능성을 항상 염두에 두어야 한다. 그러므로 아동의 선호를 파악하기 위해 항상 정신을 차리고 지켜보아야 한다. 아동이 교구에 손도 안 대고 흥미를 잃어버리는 일은 교육자가 틀에 박힌 대로 행동할 때 나타날 수 있다.

한 번 더 미스 G의 말을 인용해 보자. "관심 있는 교구를 발견하면 규율 없는 행동도 금방 사라지고 정신적인 태만이 없어진다"(몬테소리, 『아이들은 다르다』, 201/202쪽).

미스 G는 더 나아가 교구가 관심을 일깨우는 데서 그치지 않고 인성 발달에도 기여하는 실례를 보여 주었다. "우리 학교에는 자매가 있었다. 동생이 세 살, 언니가 다섯 살이었다.

세 살배기 아이는 독자적인 존재가 아니었다. 모든 일에 언니를 그대로 따라 했다. 언니가 파란 연필을 쥐면 동생은 파란 연필을 가질 때까지 불만을 나타냈다. 언니가 버터 바른 빵을 먹으면 동생도 따라 먹었다. 동생은 학교에서 아무 일에도 참여하지 않았고 오로지 언니만 따라 했다. 그러던 어느 날 동생이 붉은색 정육면체에 관심을 보였다. 그것으로 탑을 쌓았다 허물었다 하느라 언니를 까맣게 잊어버렸다. 언니가 놀랐던지 동생을 부르더니 '내가 원을 채우고 있는데 너는 왜 탑을 쌓고 있니?' 하고 물었다. 그날부터 동생은 인격체가 되었고 독립적으로 발전해 나가기 시작했다. 더 이상 언니의 그림자가 아니었던 것이다"(몬테소리, 『아이들은 다르다』, 202/203쪽).

자유로운 아동이 (준비된) 환경에서—심리학적 용어로 표현하자면—"새롭지만, 너무 새롭지 않은 것", 다시 말해 아동의 기존 구조와 특히 차이가 나서 흥미를 느낄 수 있는 것을 만나게 되면 아동은 자신을 발견하게 된다. 마리아 몬테소리는 이 현상을 거듭하여 열렬히 강조하였다.

마지막으로 베를린 독서 곤란증 센터에 근무하는 심리학자 마르그레트 우데의 체험담을 들어 보자. 중증 장애아의 일화이다. 우데 부인은 이 아이에게 다가가기 위해 아주 독특한 그녀만의 방법을 개발하였다. 그녀는 아이에게 자유를 허락하였고 부담을 주지 않고 항상 존중하면서 아이를 위해 늘 대기해 있었다.

"읽기도 쓰기도 못하는 아이였다. 학교에서 한시도 가만히 앉아 있지 않았을 뿐만 아니라 대부분 의자 밑에 숨어 있었다. 연필이나 종이는 가지고 다니지 않았으며 도대체 아무것도 하지를 않았다. 모두들 미쳤다고 아이에게 손가락질을 했다. 우리한테 왔을 때 아이는 처음부터 읽기나 쓰기를 무서울 정도로 완강하게 거부하였다. 책을 주면서 칠판에다 색 분필로 함께 뭔가를 쓰려고 하면 참지를 못했고, 항상 어디론가 도망가서 사라졌다. 찾아보면 아이는 장이나 상자 안에 들어가 있었다.

그 당시에 베를린 독서 곤란증 센터에서 근무했던 우리는 토론과 경험 교환을 통해 그런 경우 학습이 전혀 무의미하다는 사실을 알고 있었다. 아이에게 무언가를 배우라고 강요할 수 없으니 다른 길을 시험해 보아야 한다는 깨달음이었다. 아이를 통해 나는 가르쳐야 한다는 압박감에서 벗어나 있었다. 우선 단순하게 그 아이가 어떤 아이이며 무엇을 하는지를 밝히려고 애썼다. 그래서 우리는 아이의 뒤를 단순히 따라다니기만 했다. 아이가 솔선해서 제공하는 것에만 개입하였다. 그것은 상자 안에서 노는 것이었다. 그리하여 우리는 상자 안에 함께 들어가 아이와 함께 상자 안에서 놀았다. 한동안 그렇게 했다. 요즘도 종종 그렇게 한다. 그런 식으로 우리가 아이에게 다가갔던 그 시기에는 학교에서도 서서히 발전이 보이기 시작했다. 우선 아이가 연필과 공책을 학교에 가져왔다. 그러더니 책도 가져왔다. 하지만 처음에는 지리 시간에 영어책을 책상 위에 올려놓고 읽었다. 다른 아이들이 하고 있는 것에 끼어들거나 적응하지 못했다. 그럼에도 불구하고 우리는 그 정도도 엄청난 성과라고 생각했다. 다행히 아이의 선생님은 그것을 발전이라고 보는 사람이었다. 그러더니 아이는 독일어 시간에 독일어 책을 꺼내 놓기 시작했다. 하지만 다른 아이들과는 다른 페이지를 폈다. 아이는 곧 순식간에 다른 아이들과 같은 페이지를 펴고 그들을 따라갈 정도가 되었다. 우리에게서 치료받는 중에도 역시 아이는 무척 달라졌다. 규칙에 익숙해지고 규칙을 받아들이는 법을 순식간에 배웠다. 아이는 완전히 외톨이였고 세상과 동떨어져 있었다. 할머니하고만 살았던 것이다. 그래서 아무와도 접촉 않고 사는 것이 편했다. 이런 상황이니 그에게 규칙이 있을 리 없었다. 다른 누구와 대화를 하거나 관계되는 일 또한 없었다. 현재 아이는 이 세상에는 다른 사람들도 존재하면서 무언가를 하고 있다는 사실을 받아들이는 단계에 와 있다. 물론 아직까지도 다른 아이들의 놀이에 끼어들어 아이들을 귀찮게 해서 아이는 관계에 어려움을 겪고 있다. 아이는 자기가 방해가 된다는 걸 이해하지 못한다. 그래서 얼마 전 우리는 아이에게 이렇게 설명했다.

'네가 롤러 스케이트를 타고 축구 경기장에 들어갔잖아.'

그러자 아이는 '하지만 금방 나왔는데요.' 라고 대답한다. 그래도 다른 아이들한테 방해가 되잖아. 아이는 깜짝 놀란다. 아주 빠른 속도로 축구 경기장을 휙 지나 온 게 아이들한테 방해가 된다고는 생각지 못했기 때문이다. 하지만 아이가 이제는 그걸 이해하리라고 나는 믿는다. 그 사이 아이는 여러 가지를 알게 되었다. 이러한 과정에는 엄청나게 오랜 시간이 걸렸다. 아이가 은둔 생활에서 나오기까지 4년이 걸렸던 것이다.

독서 곤란증도 많이 나아져 그 사이에 읽기를 배워 스스로 무언가를 읽게 되었다. 아이가 도서관에 가서 책을 빌려와 혼자 읽는다고 아이의 할머니가 우리한테 말했다. 최근에 아이는 〈미키 마우스〉 편집부에 편지를 써 자기 의견을 제시하기도 했다. 그런 일이 아이에게 아주 좋은 영향을 미칠 것이다. 아이는 학교에서 글을 배운 것이 아니었다. 어려움이 사라지면서 부수적으로 자연히 글을 깨우치게 된 것이다."

이 꼬마 아이는 몬테소리 학교에 갔더라도 교구를 금방 가지고 놀지 않았을 것이다. 우선 용기를 내야 했을 것이고 사람들이 있는 그대로의 그를 받아들인다는 느낌을 가져야 했을 것이다. 아이는 굴복하지 않을 만큼 힘을 가지고 있었다. 하지만 몬테소리 교육 기관에서 자유와 존중을 받았더라면 그에게 도움이 될 만한 교구를 분명히 발견하였을 것이며 "정상화" 과정에 4년이라는 긴 세월이 걸리지 않아도 되었을 것이다.

제 3 부

몬테소리 교구의 비밀

몬테소리 교구의 비밀은 교구 안에서만 찾을 수 있는 것이 아니다. 교구가 아이에게 제공되는 배경까지 관찰해야만 그 비밀의 베일이 벗겨질 것이기 때문이다. 그것은 바로 "준비된 환경"이다. 준비된 환경은 겸손한 교사와 다양한 교구 이외에 자유 선택이 가장 우선시되면서 가장 중요한 원칙으로 손꼽히고 있다(127~128쪽을 참조할 것).

자유 선택을 가능하게 하기 위해 마리아 몬테소리는 카사 데이 밤비니 시절부터 "교구가 아이들의 행동 반경 안에, 아이들의 손이 닿는 곳에 있게 하여 각자의 욕구에 따라 스스로 선택할 수 있도록 키가 낮은 수납장으로 바꾸었다. …… 이런 자유 선택을 통해 아이들의 성향과 욕구를 여러 가지로 관찰할 수 있었다. 최초로 목격한 흥미진진한 결과는 아이들이 내가 준비한 교구를 전부 좋아하는 게 아니라는 사실이었다. 몇 가지만 선택했는데, 많든 적든 모두 그와 같은 방식으로 택했다. 눈에 띄게 선호하는 교구가 있는가 하면 손도 대지 않아 먼지투성이가 된 교구도 있었다. …… 시간이 흐르면서 나는 아동의 주변 환경에 있는 모든 것에는 질서만이 아니라 특정한 **척도**가 있으며, 혼란스럽고 쓸모없는 것을 얼마나 잘 골라내는가에 따라 관심과 집중이 증가한다는 사실을 파악하였다" (몬테소리, 『아이들은 다르다』, 169쪽).

아동이 어느 순간에 자신의 발전에 유익하고 중요한 사물에 관심을 보일 수 있게 되자면, 의미 있는 공급을 해 줄 수 있는 환경에서 자유 선택을 할 수 있어야 한다. 그러므로 직접적인 말이나 간접적인 요구로 아동을 조종하려고 애쓰지 않으면서 아동에게 자유 선택에 필요한 여지를 주는 몬테소리 교사의 특별한 태도는 아주 중요하다.

물론 마리아 몬테소리의 교구에도 그것이 효과를 얻기 위한 필수적인 사항들이 숨어 있다. 아이들이 그것을 감지한다는 사실이 흥미로울 뿐이다.

마리아 몬테소리는, 그녀가 정성을 다해 만든 교구의 일부를 아이들이 도외시하며 장난감에도 신경을 쓰지 않는 것을 보고 깜짝 놀랐다.

"아이들에게 정말 훌륭한 장난감을 주었는데 아무도 관심을 보이지 않았다. 나는 너무 놀라 아이들 틈에 끼어들어 아이들과 함께 장난감을 사용해 보았고, 아이들에게 작은 식기는 어떻게 다루는 것이며 인형 부엌에 있는 가스 레인지는 어떻게 불을 켜는 것인지 직접 보여 주었다. 아이들은 잠깐 관심을 보이다가 이내 달아나 버렸고 자발적으로는 절대로 장난감을 가지고 놀지 않았다. 그래서 나는 아이들의 생활에서 놀이란, 별 다른 것이 없을 때, 그들이 보기에 보다 더 가치 있는 것이 곁에 없을 때 도피용으로 받아들이는 열등한 것임을 깨닫게 되었다"(몬테소리, 『아이들은 다르다』, 170쪽).

아이들이 다음 장에 소개할 교구들을 다른 장난감보다 높이 평가하는 이유를 현대 심리학의 관점에서 따져 보면 다음과 같은 대답이 나올 수 있다.

수학 교구—예를 들어 퍼즐—가 도전적인 성격을 띠는 행동을 가능하게 만드는 것은 필요 조건이지만 충분 조건은 아니다.

역시 퍼즐 같은 교구가 사용자에게 자체 성과 확인을 가능하게 하는 것은 필요 충분 조건이다.

이 두 가지 특징이 함께 있어야만 내적 구조의 변화, 다시 말해 지능 발달이 이루어질 수 있다.

특징의 "분리"라는 주제에 관해

마리아 몬테소리의 교구—특히 감각 교구—는 색과 형태, 크기와 같은 성질을 특히 강조했다. 이 세 가지 성질 중 하나를 강조하는 교구도 상당히 많다.

마리아 몬테소리는 특정한 성질의 "분리"가 학습 과정을 촉진한다는 이론에서 출발했다. 그러므로 여러 특정 성질의 분리를 중요하게 생각하였다. "우리 교구에는 대상이 가지고 있는 여러 성질의 구분이 포함되어 있으며, 그 때문에 정신적 질서에 효과적인 도움을 줄 수 있다"(몬테소리, 『창조적인 아동』, 164쪽).

오늘날 우리는 모든 학습이 행동하는 학습이라는 사실을 잘 알고 있다. 그렇다면 개별 성질의 분리는 어떤 의미가 있는 걸까?

몬테소리가 크기라는 특징을 강조하였던 **분홍탑**을 살펴보자. 이런 특징은 예를 들어 **빨간 막대**처럼 크기 차이가 나는 다른 교구들에서도 나타나는 것이다.

이런 교구를 사용하는 아이들에게서는 비슷한 지능 구조의 변화가 일어난다.

차이는 교육자가 어디에 강조점을 두느냐에 있다. 예를 들어 언어 사용 면에서 특히 그렇다. 어떤 경우에는 "크기"로 또 어떤 경우에는 "길이"로 부를 수도 있을 것이다.

그 결과 다양한 언어 개념이 훈련되고 우리 문화에서 아주 중요한 분석적 사고가 촉진된다. 또 다른 경우―예를 들어 색판에서처럼―측정 성질의 분리는 문화적으로 중요하고 또 의미 있는 것을 강조하는 데에도 이용된다. 우리 문화에서는 여러 색채를 지칭할 수 있는 능력이 그린란드에서 눈과 얼음을 일컫는 여러 가지 세분화된 개념을 완전히 파악하는 것과 같은 의미를 가지기 때문이다.

제6장
감각 교구

마리아 몬테소리가 자신의 교구 일부를 "감각 교구"라고 부른 데에 처음에는 의아해 하는 사람들도 있을 것이다. 그러나 그녀의 교구는 결국 행동을 통한 감각의 활성화가 있어야 학습과 지능 구조의 발달 및 자기 가치 인식이 가능하다는 깨달음에 기초를 두고 있다.

몬테소리가 개별 학습 대상들의 "분리"를 아주 중요하게 생각했다는 점도 염두에 둔다면, 그녀가 "감각 교구"라는 개념을 선택한 이유도 쉽게 이해할 수 있을 것이다.

감각 교구는 여러 감각을 자극하여 의도대로 형성하여, 나아가 섬세하게 만드는 데 기여해야 한다. 하지만 그것 자체가 목표가 될 수는 없다(이에 관해서는 145~146쪽을 참조할 것).

감각 교육은 "관찰하는 인간을 만들어 실생활을 직접" 준비하는 것이 목표이다(몬테소리, 『아동의 발견』, 161쪽).

감각 발달이 완전하지 못할 경우 여러 가지 문제가 발생할 수 있다고 그녀는 생각했다.

구체적인 실례를 들어 보자. "요리사는 교육을 받아 요리책에서 지시한 양과 시간을 달달 외우고 원하는 형태의 요리에 필요한 조치를 할 수는 있다. 하지만 후각을 이용해 알맞은 시점을 판단하고 시각이나 촉각을 통해 특정한 양념을 넣어야 할 순간을 판단해야 할 경우, 감각을 충분히 익히지 못한 요리사는 실패하고 말 것이다. 숙달된 기술은 오랜 경험이 있어야만 얻을 수가 있다. 그런데 경험이란 **때늦은 감각 훈련** 이외에 아무것도 아니며, 성인의 경우 전혀 효과를 발휘하지 못하기도 한다"(몬테소리, 『아동의 발견』, 161쪽).

다른 예를 들어 보자. "의대생은 맥박에 대해 이론적으로 공부한다. 그리고 그 맥박을 통해 병을 진단해 보겠다는 굳은 의지로 환자의 침상으로 다가간다. 하지만 아무리 의지가 있다 해도 손가락이 맥박의 신호를 포착하지 못할 경우, 공부나 노력은 무위로 돌아가고 만다. 의사의 필수 조건인 **감각 자극을 구분하는 능력**이 부족한 것이다. 심장 박동 소리에 대해서도 같은 말을 할 수 있으며, ……. 손으로는 파악하지 못하는 **오한**이나 떨림 같은 현상도 마찬가지일 것이다. …… 다 알다시피 실무 경험이 많지 않아도 **재능 있고 똑똑한** 의사가 될 수 있다. 그리고 **훌륭한 실무자**가 되려면 **장기간의 훈련**이 필수적이다. 실제로 이런 장기간의 힘든 훈련은 **때늦은 감각 훈련** 이외에 아무것도 아니며, 효과가 전혀 없는 경우도 종종 있다"(몬테소리, 『아동의 발견』, 161/162쪽).

이렇듯 몬테소리가 설명한 "문제들"을 보다 보면 현대 두뇌 연구의 결과를 보고 있는 듯하다. 현대 두뇌 연구는 학교가 왼쪽 뇌만 사용하게 할 뿐 오른쪽 뇌는 등한시하고 있다고 강력하게 비판하고 있다.

이런 두뇌 연구를 알 리 없었음에도 몬테소리는 아동의 행동을 정확히 관찰하여 오른쪽 두뇌까지, 정확히 말해 학습하는 신체 전체를 고려하였다. 그리고 이를 위해 감각 교구들은 아주 특별한 방식으로 제 몫을 다했다(표 참조).

두뇌 연구는 오른쪽 뇌가 오른쪽 뇌와는 다른 부분에 중점을 두며 다른 임무를 맡고 있다는 사실을 밝혀 냈다. 왼쪽 뇌는 오른쪽에 비해 분석적이고 추상적이며 오른쪽 뇌는 왼쪽에 비해 전체적이고 구체적이다.

왼쪽 뇌	오른쪽 뇌
듣기	보기
분석적	종합적
추상적	구체적
합리적	감상적
시간적	공간적
객관적	주관적
적극적	수동적
긴장	이완
이성적	직관적

감각 교구 중 꼭지 원기둥, 빨간 막대, 갈색 계단과 그 비슷한 교구들이 특히 그러하다. 이 교구들이 잡기, 보기, 인지하기 등의 감각적 특질을 갖추고 있기 때문이다.

대부분의 다른 감각 교구들은 특정한 감각을 목표로 한다.

시각의 하부 분과라 할 색채 인식 감각, 근육 또는 입체 인식 감각, **촉각**, 온도를 느끼게 하는 **온도 감각**, 여러 무게를 인식할 수 있게 하는 **중량 감각**, **청각**, **미각**, **후각**이 그것이다.

여기에 열거된 감각을 세어 보면 색감을 제외하더라도 총 여덟 개에 이른다. 일반적으로 감각이라고 하면 오감을 일컫는다. 몬테소리는 그보다 더 많은 감각을 알고 또 그것을 훈련시켰다.

꼭지 원기둥

교구

래커 칠을 한 네 개의 나무 블록, 각각 폭 8cm, 길이 55cm, 높이 6cm이다. 각 블록에는 정해진 구멍 속에 열 개의 매끄러운 원기둥이 들어 있다. 윗면에 꼭지가 달려 있어 꺼내고 집어 넣을 때 손잡이로 쓸 수 있다.

블록과 그 안에 들어 있는 작은 원기둥은 각각 한 세트의 저울 추 모양이다.

블록은 원기둥의 종류에 따라 구분된다.

첫 번째 블록에는 지름이 같고 높이가 다른 원기둥이 들어 있다. 높이가 제일 낮은 것이 10mm, 제일 높은 것이 55mm이다.

두 번째 블록에는 높이는 같고 지름이 다른 원기둥이 들어 있다. 지름이 제일 작은 것이 10mm, 두 번째 것이 15mm, 이런 식으로 늘어나 제일 큰 것이 55mm이다.

세 번째 블록에는 높이와 지름이 모두 다른 원기둥이 들어

꼭지 원기둥: 마리아 몬테소리는 세 살 배기 여자 아이가 나무 원기둥을 구멍에다 넣었다 뺐다 하기를 계속 반복하는 광경을 보고 깜짝 놀랐다. 온갖 방법으로 방해 공작을 펴도 아이는 전혀 흔들림이 없었다. 몬테소리는 그런 체험을 바탕으로 이 교구를 만들었고 어린이 집의 준비된 환경에서 재량껏 쓰도록 아이들에게 내주었다.

있다. 제일 큰 것이 지름 55mm에 높이 55mm, 제일 작은 것이 지름 10mm에 높이 10mm이다.

네 **번째** 블록에도 마찬가지로 **높이**와 **지름**이 다른 원기둥이 들어 있다. 지름이 10mm인 가장 얇은 원기둥이 높이 55mm로 가장 높다.

연령

2년 6개월 이상

실행 방법

일반적으로 높이가 같은 원기둥으로 시작한다. 높이의 차이를 인식하지 못한 아이들이 낮은 높이의 원기둥을 깊은 구멍에다 집어 넣을 수 있기 때문이다.

아동이 원기둥을 가지고 놀 준비가 되면 교사는 원기둥 블록을 탁자 위에 놓고 안에 들어 있는 원기둥을 모두 꺼낸 다음 섞어 알맞은 장소를 찾아 "제"구멍에 집어 넣는다.

원기둥이 전부 "제"자리에 들어가면 "제대로" 한 것이다.

그러면 교사는 아이에게 따라 해 보라고 권한다.

성과 확인

원기둥은 정해진 구멍에만 맞게 되어 있다.

이 원기둥을 보면 마리아 몬테소리가 들려준 카사 데이 밤 비니의 세 살배기 여자 아이 이야기가 떠오른다. 꼭지 원기둥 놀이에 얼마나 집중을 했던지 옆에서 다른 아이들이 노래를 불러도, 몬테소리가 아이를 의자째로 들어 탁자 위에 올려놓아도 끄떡하지 않고 놀이를 계속했다는 이야기 말이다(55쪽을 참조할 것).

이 교구는 여러 가지 방법으로 변형이 가능하다.

● 두 개, 세 개, 네 개의 블록을 동시에 사용한다.

● 눈을 가리고 사용한다.

파트너 놀이에도 응용될 수 있다.

● 네 명의 아이들이 네 개의 블록을 사용한다. 원기둥을 탁자 중앙에 갖다 놓고 아이들이 자기 블록에 맞는 원기둥을 찾아 제자리에 꽂는다(게슬라인에서, 『일상 생활』, 13~16쪽).

꼭지 없는 색 원기둥

네 개의 다른 색(파랑, 빨강, 노랑, 초록) 뚜껑이 달린 나무 상자 네 개에는 앞의 꼭지 원기둥에서 본 여러 가지 원기둥이 들어 있다. 물론 여기서는 색이 주 관심 대상이다.

원기둥 한 세트마다 색이 다르다.

꼭지 원기둥의 첫 번째 블록과 모양이 같은 원기둥(같은 지름, 다른 높이)은 **파란색**이다.

꼭지 원기둥의 두 번째 블록과 모양이 같은 원기둥(같은 높이, 다른 지름)은 **빨간색**이다.

꼭지 원기둥의 세 번째 블록과 모양이 같은 원기둥(높이와 지름이 동시에 줄어드는)은 **노란색**이다.

꼭지 원기둥의 네 번째 블록과 모양이 같은 원기둥(높이와 지름이 반대로 변하는)은 **초록색**이다.

연령

4세 이상

실행 방법

시범을 보일 때 교사는 높이와 **지름**이 다른 노란색 원기둥으로 시작한다.

탁자 위에 무질서하게 놓여 있는 원기둥 중에서 우선 가장 큰 것을 집어 넣은 후 크기 순으로 차례차례 구멍에 갖다 꽂

빨간 막대

는다.

그런 다음 교사는 원기둥을 다시 뒤섞고 아동에게 자신이 한 것처럼 순서대로 넣어 보라고 이른다. 아동은 기둥 색을 바꿔 가며 같은 방법으로 시행한다.

시간이 조금 지나면 아동은 두 가지 또는 그 이상의 색을 동시에 할 수 있게 된다.

한 세트로 탑이나 계단을 만들 수 있다. 색별로 네 개의 계단이나 탑을 만들어 서로 비교해도 좋다.

성과 확인

원기둥 순서의 법칙성을 익힌다.

성과 확인:
가장 짧은 빨간 막대의 길이는 나란히 놓인
두 막대 길이의 차이와 같다.

빨간 막대

교구

가로와 세로가 각각 2.5cm인 빨간 막대 열 개, 제일 짧은
것이 10cm, 제일 긴 것이 100cm이다.

연령

2년 6개월 이상. 마리아 몬테소리의 말을 들어 보자. "그렇
게 길고 부피가 큰 교구를 취급하려면 신체 전체를 움직여야
한다. 막대를 옮겨 파이프 오르간의 음관처럼 길이에 따라 순
서대로 배열하려면 이리저리 왔다갔다 해야 한다"(몬테소리,
『아동의 발견』, 141쪽).

빨간 막대를 양탄자 위에 섞어 놓는다. 이때 양탄자는 아이가 교구를 가지고 놀기에 충분한 공간이어야 한다. 교사는 제일 긴 막대를 잡아 손으로 전체를 쓰다듬은 다음 바닥에 내려 놓는다. 그 다음으로 긴 막대를 바닥에 놓아둔 제일 긴 막대 왼쪽에 나란히 놓는다. 그렇게 하여 제일 짧은 막대까지 차례로 배열한다.

교사는 막대의 길이 차이 때문에 생긴 계단을 손으로 따라 그린다. 그런 다음 제일 짧은 막대를 바로 앞의 막대 끝에다 대 본다. 그렇게 하면 그 앞의 막대와 길이가 같아짐을 알 수 있다.

이제 아이에게 막대를 넘겨준다.

한 번 더 마리아 몬테소리의 목소리를 들어 보자. "아이는 먼저 막대를 파이프 오르간의 음관처럼 나란히 놓았다가 모든 막대를 다시 섞더니 또다시 배열을 하였다. 그렇게 만족할 때까지 계속 반복했다"(몬테소리, 『아동의 발견』, 141쪽).

또 다른 놀이 방법으로는, 두 개의 막대를 일렬로 놓을 경우 제일 긴 막대(100cm)와 길이가 같아지는 막대 두 개를 찾는 것이 있다.

막대를 키 순서대로 배열하여 조화로운 모습을 만들며, 제일 짧은 막대를 앞의 막대 끝에 놓아 그 앞의 막대와 같은 길이가 되게 만든다.

156

갈색 계단: 제일 얇은 직육면체의 가로 길이
는 각 계단의 높이 차이와 일치한다.

갈색 계단

교구

두께는 다르고 길이는 20cm로 동일한 열 개의 갈색 직육면
체. 제일 두꺼운 것의 두께가 10cm, 제일 얇은 것이 1cm이다.

연령

2년 6개월 이상

실행 방법

어느 날 몬테소리는 갈색 통나무를 가지고 놀던 한 아이가
"통나무 간격이 10, 9, 8, 7…… 6, 5, 4, 3, 2, 1이 되도록 통

나무를 배열하는" 광경을 목격하였다. "근육의 기억력이 단계에 따라 변하는 간격을 정확하게 조정하는 것이다"(몬테소리, 『아동의 발견』, 141쪽).

교사는 직육면체를 양탄자 위에 놓고 마구 섞는다. 제일 두꺼운 것을 한 손으로 잡아 자기 앞에다 놓는다. 그리고 그 다음으로 두꺼운 것을 잡아 그 오른쪽 옆에다 놓고는 손으로 표면을 쓰다듬는다. 이렇게 마지막까지 계속하여 계단 모양을 만든다.

마지막으로 교사는 제일 얇은 직육면체의 두께가 각 계단의 높이 차이와 동일하다는 것을 아동에게 보여 준다.

이제 아동의 차례다.

직육면체를 차곡차곡 쌓으면 완전히 다른 모양—훨씬 가파른 모양의 계단—이 된다. 아이도 이 교구로 탑을 쌓을 수 있다.

갈색 직육면체의 밑면의 면적은 제곱 함수와 상응한다. 즉 첫 번째 직육면체는 1^2, 두 번째는 2^2, 세 번째는 3^2, 네 번째는 4^2 등등으로 면적이 제곱으로 늘어난다. 이는 부피에도 영향을 미치며 당연히 무게에도 영향을 준다. 따라서 여러 두께의 직육면체를 손에 쥐면서 아동은 차이가 제곱인 무게의 변화를 체험해 볼 수 있다.

⠿ 성과 확인

계단의 두께 변화가 일정하고 제일 얇은 직육면체의 두께는 각 계단의 높이 차이와 일치한다(157쪽 사진을 참조할 것).

분홍탑: 탑 쌓기는 힘든 만큼 재미도 있어서 대부분의 아이들이 좋아하는 놀이이다.

완성. 가장 작은 정육면체까지 분홍탑 꼭대기에 제자리를 찾았다.

분홍탑

교구

속이 꽉 찬 나무로 만든 열 개의 분홍색 정육면체이다. 제일 큰 것이 각 변의 길이가 10cm, 제일 작은 것이 각 변의 길이가 1cm이다.

연령

2년 6개월 이상

실행 방법

아동과 교사가 같이 앉을 수 있는 크기의 양탄자 위에 정육면체를 놓는다. 교사는 제일 큰 정육면체부터 시작하여 자기 앞에서 세운다. 주의할 점은, 정육면체를 한 손으로 쥐어야 한 다는 것이다. 그 다음 크기의 정육면체를 첫 번째 정육면체의 정중앙에 놓는다. 그렇게 하여 모든 정육면체를 다 세워 탑이 되도록 한다.

마리아 몬테소리의 말을 들어 보자. "이 훈련에서 가장 어려운 것은 변의 길이가 1cm인 제일 가벼운 정육면체를 세울 때이다. 그렇게 작은 물건을 중앙에다 세우려면 팔이 아주 숙달되어야 한다. 또한 아동의 집중력과 노력을 엿볼 수 있다" (『아동의 발견』, 142쪽).

이제 정육면체를 다시 흩뜨린다. 아동에게 혼자 쌓아 보라고 한다.

정육면체는 반드시 한 손으로 잡아야 한다. 그래야 아동이 크기 변화와 무게 변화의 관계를 "파악"할 수 있다. 이 경우 무게 변화는 한 변 길이의 세제곱의 변화와 일치한다.

성과 확인

정육면체 계단을 만들어 본다. 한 면이 정확하게 포개지도록 탑을 쌓을 경우, 가장 작은 정육면체는 항상 포개지지 않은 정육면체 면의 폭 넓이와 동일하다.

구성 삼각형

교구

"구성 삼각형"은 다섯 개의 나무 상자로 구성된다. 3~4세부터 사용하는 아주 세분화된 교구이므로 더 이상의 설명은 필요 없을 것이다.

실행 방법

상자의 면에 검은 선으로 삼각형을 그린다. 두 상자에 그려진 삼각형의 검은 선을 맞대면 여러 가지 사각형이 생겨난다. 이를 통해 아동은 여러 가지 삼각형에서 여러 개의 사각형을 만들 수 있다는 사실을 깨닫게 된다.

삼각형 상자에 검은 선으로 삼각형을 그려 서로 맞대면 똑같은 삼각형이 만들어진다(같은 크기의 정삼각형).

남은 교구들도 다른 식으로 잇대면 육각형까지 만들 수 있다.

성과 확인

새로운 기하학적 도형이 만들어진다(예를 들어 삼각형을 연결하면 사각형이 된다).

이항식 정육면체: 몬테소리가 명명한 "수학적 정신"은 아동이 정돈과 비교, 수 세기, 측정하기를 시작하는 순간부터 나타난다.

이항식 정육면체

교구

"이항식 정육면체"는 빨간색과 파란색으로 칠해진 정육면체와 직육면체로, 검은색으로 칠한 면이 있다. 직육면체와 정육면체는 이항식의 개별 요소들에 해당한다.

연령

3년 6개월 이상

실행 방법

교사는 상자를 열어 그 속에 들어 있는 정육면체와 직육면체를 섞은 다음 색에 따라 상자 모양이 되도록 정렬한다.

162

아이들은 삼차원 퍼즐을 아주 좋아한다. 퍼즐을 가지고 노는 동안 이른바 "수학적 구조"가 개발되는 것이다.

성과 확인

정육면체와 직육면체를 올바로 조합했을 때 상자와 같은 모양이 된다.

삼항식 정육면체

교구

"삼항식 정육면체"는 빨강, 파랑, 노랑의 나무 정육면체 3개와 직육면체 24개로 구성되어 있다.

연령

3년 6개월 이상

실행 방법

원칙적으로 이항식 정육면체의 경우와 동일하다.

성과 확인

원칙적으로 이항식 정육면체의 경우와 동일하다.

마리아 몬테소리가 말하는 여덟 가지 감각

마리아 몬테소리는 여덟 가지 감각을 언급하였다. 그녀가 어떻게 하여 보통 사람들보다 더 많은 감각을 알게 되었는지, 그녀가 입체 인식 감각이라고도 부른 근육 감각에 대해 알아보면서 그 의문에 대한 답을 찾아보자.

지난 몇 십 년 동안 학자들은 이와 관련하여 두뇌와 손의 상관 관계를 연구했다(89쪽을 참조할 것).

몬테소리는 천재적인 관찰력과 이해력으로써 근육이 적극적 학습 과정에 관여하고 있다는 사실을 간파했다. 또한 학습하는 근육이 두뇌와 밀접한 관련을 맺고 있다는 사실(이는 두뇌 연구나 그와 관련 있는 심리 연구도 지난 몇 십 년 전에야 겨우 알아낸 사실이다)도 알고 있었다. 따라서 그녀는 "근육의 기억", "완료된 동작의 기억"이라는 말을 사용했다.

마리아 몬테소리가 일반적인 오감 이외의 다른 감각을 인식할 수 있었던 것은 그녀만의 천재적인 관찰력과 이해력 덕분이었다.

그녀가 출발점으로 삼은 감각은 다음과 같다.

- 청각
- 미각
- 후각
- 시각

164

● 촉각

여기에 차고 뜨겁고 따뜻한 것을 구분하는 능력도 중요하다.

● 온도 감각

손으로 무게를 달아 보며 "가볍다" 또는 "무겁다"라고 말할 수 있다.

● **중량** 감각

무게를 잴 때에는 근육이 참여한다. 근육의 지능이 없다면 중량감도 없을 것이다. 그러므로 다음의 능력을 기억해야 한다.

● 근육 감각

이렇게 여덟 가지의 감각에 마리아 몬테소리가 색감이라고 부른 아홉 번째 감각을 추가할 수도 있을 것이다. 하지만 그럴 경우 시각이 두 번 언급되는 셈이니 색감은 빼기로 한다.

색감

우리는 눈으로 색을 인식하고 구별한다. 그러므로 색감은 시각의 구성 요소이다. 그 때문에 여기서는 색감을 제외하여 "마리아 몬테소리의 여덟 가지 감각"이라고 정의하기로 한다.

마리아 몬테소리는 우리가 만든 환경이 자연과 달리 색감을 발달시킬 수 있는 충분한 기회를 제공하지 못한다고 생각하였다. 그래서 "색감"을 연습할 수 있는 교구를 개발하였다.

색판

래커 칠을 한 가벼운 나무판.

상자 1에는 여섯 개의 색판이 들어 있는데, 노랑, 빨강, 파랑 삼원색 한 쌍씩이다.

상자 2에는 22개의 색판이 들어 있는데, 빨강, 주황, 노랑, 초록, 파랑, 보라, 분홍, 회색, 갈색 등이 각각 한 쌍씩 그리고 검정과 하양 등이 각각 한 쌍씩 있다.

상자 3에는 63개의 색판이 들어 있는데, 노랑, 주황, 빨강, 초록, 파랑, 보라, 분홍, 회색, 갈색 등 아홉 가지 색이 각각 일곱 가지의 색조로 이루어져 있다.

2년 6개월 이상

색 손상을 가능한 한 막기 위해 사용 전 교사와 아동은 손을 씻는다.

상자 1

여섯 개의 색판을 탁자 위에 흩뜨린다. 교사가 그 중 하나를 집어 앞에다 놓는다. 그리고 같은 색 색판을 찾아 그 옆에 놓는다. 이 한 쌍의 색판 옆에 다른 색판을 찾아 놓는다. 아이에게 어떤 것이 올 차례인지를 물어 그 자리에 놓게 한다. 세 번째 쌍도 함께 찾는다.

색판을 다시 섞고 아이에게 혼자 해 보라고 한다.

상자 2

상자 1과 같은 방법이다. 먼저 상자 1의 세 가지 색을 찾고 다음으로 나머지를, 맨 마지막에 하양과 검정을 찾는다.

상자 3

아동이 색의 짝 찾기를 완전히 "파악"하면, 교사는 하나의 색의 일곱 가지 색조판을 아동에게 보여 준다.

교사는 색판을 섞어 가장 차이가 나는 두 색판을 충분한 거리를 두고 나란히 놓는다. 그런 다음 중간 색조를 찾아 두 색판 중간에 놓고는 각 색판이 다른 색판과 조금밖에 차이가 나지 않지만 그렇다고 완전히 같은 것이 아님을 보여 준다. 그런 다음 색판을 다시 한 번 섞어 아동에게 정돈해 보라고 권한다. 아동이 제대로 못 찾더라도, 교사는 중단시키지 않는다. 많은 아이들이 처음에는 제대로 구분하지 못하고 실수를 하지만, 여러 번 연습을 거치다 보면 모든 색조를 구분할 수 있는 능력을 키울 수 있다. 한 색이 끝나면 차례로 다른 색으로 넘어간다.

"정해진 성과"는 없다. 성과 조절은 교사를 통한 훈련에 뒤이어진다.

마리아 몬테소리가 제안한다. "아동에게 한 색을 보여 주고 여러 가지 색이 놓여 있는 책상으로 가서 똑같은 색을 찾아오게 하는 연습을 통해 아동의 색 기억을 테스트할 수 있다. 아이들은 잘한다. 실수하는 경우가 별로 없다. 다섯 살 아동이 특히 이 놀이를 좋아한다"(몬테소리, 『아동의 발견』, 145쪽).

입체 인식 감각

마리아 몬테소리는 "행동하는 학습을 담당하는 감각 기관"을 "입체 인식 감각"이라는 개념으로 지칭하였다(92쪽을 참조할 것). "파악하다", "이해하다" 등의 말도 이 감각을 지칭하기는 하지만 이 감각에 맞는 정확한 말은 없다고 보아야 할 것이다. "파악"에는 대상을 만지기, 더듬기만이 아니라 인식에 중요한 활동이라 할 손의 운동성 활동인 잡기도 포함된다.

마리아 몬테소리는 이런 형태의 학습 및 인식을 담당하는 기관을—시각의 담당 기관이 눈이고 청각의 담당 기관이 귀인 것처럼—입체 인식 감각이라는 말로 지칭하였다.

입체 인식 감각에는—앞에서 말했듯이—"근육의 기억"과 "완료된 동작의 기억"이 포함된다. 하지만 "근육의 기억"을 뇌 속에 있는 고립된 한 지점이라고 생각해서는 안 된다. 행동하

아동이 여러 가지 형태의 입체를 알아맞히기 위해 입체 인식 감각을 이용할 때 아동에게 일어나는 현상을 우리는 "파악"이라고 부른다. 이는 아동의 정신 발달에 중요한 발걸음이다. 기하 입체를 만지는 것은 즐거운 일이다. 한 아이와 기하 입체 교구를 가지고 연습하고 있는 저자.

는 학습 과정에서는 도리어 모든 감각 인식—다시 말해 촉각, 온도 감각, 중량 감각, 시각, 청각, 후각, 입체 감각 및 근육 감각(손과 양손, 팔과 양팔, 발과 양발, 다리와 양다리, 경우에 따라서는 전신 운동의 흔적)—이 통합되어 저장된다. 그것도 뇌와 신경계의 여러 장소에 저장될 가능성이 높다. 따라서 우리는 이를 "기억의 네트워크"라고 부른다.

몬테소리의 목소리를 들어 보자. "우리가······ 움직이면서 무언가를 만지게 되면 두 가지 인식, 즉 촉각과 근육 감각의 인식이 뒤섞인다"(몬테소리, 『아동의 발견』, 132쪽).

이처럼—모든 행동하는 학습에서 함께 **동참하는**[11]—입체 인

식 감각의 특수 훈련을 위해 마리아 몬테소리는 다음의 교구
들을 준비하였다.

- 기하 입체
- 기하 도형 서랍장
- 비밀 주머니
- 씨앗 쟁반

기하 입체

교구

파란색 래커 칠을 한 나무 입체(구, 계란형, 타원형, 정육면
체, 각기둥, 직육면체, 원뿔, 삼각뿔, 사각뿔, 원기둥), 각 기하 입
체마다 받침대 하나(나무판), 바구니 두 개, 수건.

연령

2년 6개월 이상

실행 방법

직육면체, 원뿔, 원기둥 등 몇 가지 입체로 시작한다. 교사

---

11) 마리아 몬테소리는 예를 들어 **분홍탑**의 블록을 잡을 때나 **빨간 막대**를 쓰다
듬을 때 의도적으로 입체 인식 감각을 고려하였다. 꼭지 원기둥의 경우도
마찬가지이다.

는 양손으로 입체 하나를 집어 들어 꼭 쥐고는 입체 인식 감각 사용법을 아동에게 보여 준다. 둥근 입체를 굴리거나 서 있는 입체를 넘어뜨리면서 입체의 이름을 부른다. 그런 다음 그것을 바구니에 넣고 수건으로 덮는다. 아동은 자신의 입체 인식 감각을 사용하여 입체를 확인하고 이름을 부르면서 책상 위로 꺼내 놓는다. 다른 입체들도 같은 방법으로 점차 확인한다.

성과 확인

아동이 수건으로 가린 바구니에서 교사가 요구한 입체를 양손으로 찾아 꺼내면, 교사는 맞고 그름을 확인한다.

기하 도형 서랍장

교구

여섯 개의 단으로 이루어진 나무 서랍장. 각 서랍에는 노란색 래커 칠을 한 나무 네모틀이 들어 있다. 각 네모틀 안에는 하나의 파란색 입체 도형이 끼워져 있는데, 꺼내기 쉽게 꼭지가 달려 있다. 다양한 직사각형, 원, 삼각형 그리고 다각형이 서랍마다 들어 있다.

모든 도형에 대응하는 세 종류의 카드판. 각각의 도형은 색칠한 그림, 굵은 테두리 그림, 가는 테두리 그림으로 되어 있다.

제시용 틀. 여섯 개의 꼭 맞는 네모틀로 구성되어 있다. 그때그때 세 가지 기하 도형이 나란히 놓인다.

입체 도형이 끼워져 있지 않은 네모판. 아동에게 설명할 때 기하 입체 사이사이에 끼워 아동이 입체의 차이를 보다 쉽게 파악할 수 있도록 한다.

3세 이상

제시용 틀을 탁자 위에 놓는다. 원, 사각형, 삼각형으로 시작한다. 이 세 가지가 기하학에서 특히 중요하기 때문이다.

삼각형이 끼워져 있는 노란 네모틀을 서랍에서 꺼낸다. 이 것을 제시용 틀에 집어 넣었다가 꼭지를 잡아 삼각형을 높이 치켜든 다음 다른 손의 검지와 중지를 이용해 그것을 쓰다듬 으면서 "이건 삼각형이야."라고 말한 후 다시 틀 속에 집어 넣는다. 도형이 끼워져 있지 않은 노란색 네모판을 그 옆에다 놓는다. 원과 사각형으로도 같은 과정을 반복한다.

그런 다음 모든 도형을 다시 제시용 틀에서 꺼내 섞은 다음 아동에게 직접 해 보라고 권한다.

다른 서랍 속에 들어 있는 기하 도형으로도 같은 과정을 반복한다.

아동이 도형의 이름을 올바로 맞추었는가는 교사가 확인할 수 있다.

마리아 몬테소리는 감각이 정신과, 손이 두뇌와 밀접한 관계를 맺고 있다는 사실을 잘 알고 있었다. 그래서 집중적인 손동작이 아이의 정신에 깨달음의 빛을 던져 준다는 점을 기회가 있을 때마다 강조하였다. "비밀 주머니"는 이런 성장을 자극할 수 있는 기회이다.

비밀 주머니

교구

"비밀 주머니" 안에는 모난 것, 매끄러운 것, 딱딱한 것, 거친 것, 차가운 것, 둥근 것, 부드러운 것 등등 여러 가지 성질의 작은 물건들이 들어 있다.

연령

2년 6개월 이상

씨앗 쟁반: 손가락으로 만져 보면서 같은 씨앗끼리 모은다.

실행 방법

교사는 아이에게 자신의 눈을 가리라고 한다. 눈을 가린 채 주머니에서 물건 한 가지를 꺼내 양손으로 만지면서 큰소리로 여러 가지 성질을 열거하면서 그 물건이 무엇인지 추측해 본다. "흠, 이건 너무 매끄럽고 너무 차갑고 유리 같은 것인지도 몰라. 이건 유리 구슬이로구나……"

아동이 "저도 할게요."라고 말할 때까지, 교사는 계속한다.

성과 확인

아동은 자신이 만진 것을 눈으로 확인할 수 있다.

씨앗 쟁반

교구

서너 종의 씨앗(밀, 콩, 편두, 완두, 호박씨, 해바라기씨 등)을 유리 샬레에 몇 알씩 나누어 담는다. 이 유리 샬레를 쟁반에 놓는다.

연령

3년 6개월 이상

실행 방법

교사는 씨앗이 담긴 샬레를 탁자 위에 놓는다. 각 샬레마다 두서너 개의 씨앗을 꺼내, 비어 있는 큰 샬레에 담아 섞는다.

눈을 가리고 큰 샬레에서 씨앗 하나를 꺼내 손으로 만져 본다. 이것을 작은 샬레에 있는 씨앗들과 비교한 후 같은 씨앗이라고 여겨지는 샬레에다 집어 넣는다. 큰 샬레에 있는 씨앗이 모두 제자리에 들어갈 때까지 계속한다.

아동이 자발적으로 따라 해 보겠다고 나서면 눈을 가려 준다.

성과 확인

아동이 씨앗을 모두 담으면, 교사는 아동의 눈가리개를 풀어 주고 씨앗이 옳은 샬레에 들어갔는지 아동이 직접 확인하게 한다.

단추나 동전 같은 또 다른 작은 물건을 입체 인식 연습에 이용할 수 있다.

촉각

피부 전체를 사용하지 않고 손가락 끝의 **촉각**만을 연습시킨다.

촉각 교구에는 표면이 매끄러운 판자와 거친 판자(촉각판), 촉각 카드, 천 상자가 있다.

촉각판

교구

촉각판은 세 가지이다.

첫 번째 촉각판은 같은 크기의 직사각형 판 두 개로, 하나는 매끄럽고 하나는 거칠다(사포).

두 번째 촉각판은 매끄러운 부분과 거친 부분을 번갈아 가면서 배열한 판이다.

세 번째 촉각판은 표면의 거친 정도를 달리하여 배열한 판이다.

연령

3세 이상

손가락 끝의 감각을 높이기 위해 교사와 아동 모두 손을 씻는다.

교사는 손가락 끝으로 첫 번째 촉각판의 표면을 여러 차례 쓰다듬는다. 먼저 매끄러운 판을 쓰다듬고 다음으로 거친 판을 쓰다듬는다.

그런 다음 두 번째 촉각판과 세 번째 촉각판을 순서대로 쓰다듬는다.

교사는 눈을 감고 다시 한 번 손가락 끝으로 전체를 부드럽게 쓰다듬는다. 촉각판 하나를 쓰다듬을 때마다 눈을 떠서 자신의 촉감이 맞았는지 확인한다. 아동이 원할 경우, 교사를 따라 해도 된다.

성과 확인

손가락 끝으로 만진 것을 눈으로 직접 확인한다.

촉각 카드

교구

두 개의 상자에 각기 다른 종류의 사포를 씌운 다섯 쌍의 촉각판이 들어 있다. 같은 쌍끼리는 카드의 뒷면에 같은 표시를 한다.

면, 실크, 아마, 코르덴: 여러 개의 천 조각을 손가락으로 만져 같은 천을 찾아내는 일은 간단하지는 않지만 재미있는 도전이다.

연령

3세 이상

실행 방법

교사와 아동은 손을 씻는다.

교사는 눈을 가리고 촉각판 하나를 집어 엄지와 검지, 중지로 가볍게 표면을 쓰다듬는다. 그런 다음 같은 방법으로 남은 촉각판에서 같은 느낌의 촉각판을 찾아내어 짝을 맞춘 다음 옆에다 놓는다. 이런 식으로 모든 촉각판의 짝이 찾아질 때까지 계속한다.

눈가리개를 풀고 옆에 놓은 촉각판 쌍을 살펴본다. 뒷면의 표시가 맞는지 확인한다.

촉각판을 다시 섞은 다음 아동에게 연습해 보라고 권한다.

성과 확인

"그런 다음 눈을 뜨고 옆에 놓인 촉각 카드를 살펴본다. 뒷면 표시를 보면 제 짝이 잘 맞추어졌는지를 알 수 있다."

천 상 자

교구

무늬와 조직이 다른 여러 개의 사각형 천 조각이 든 상자. 면, 고운 모직, 아마, 대마, 실크, 우단, 마대, 코르덴, 양모, 펠트 등 각 천은 두 개씩 마련하여 짝을 맞춘다. 그 밖에 눈가리개가 필요하다.

연령

3세 이상

실행 방법

여러 천 조각을 손으로 만져 같은 것을 찾아낸다. 먼저 교사가 아동의 손에 섬유 조직이 대비되는 두 종류의 천(예를 들어 면과 코르덴)을 쥐어 주고 같은 천이냐고 물어 본다. 그러면 아이들은 눈을 가리고 같은 천을 찾는다. 두 사람씩 짝을 지어 연습해도 된다.

손으로 만진 것을 눈으로 확인할 수 있다.

온도 감각

온각병

온각병은 취급이 간단하지 않으며 사용하는 사람이 많지 않기 때문에 값이 비싸다. 섭씨 15도에서 45도까지의 온도를 손으로 만져 비교할 수 있다.

온각판

서랍이 네 개 달린 나무 상자. 나무, 금속, 돌, 펠트로 된 직사각형 판이 각각 두 개씩 들어 있다.

3세 이상

교사는 우선 아동이 각 물질과 친숙해지도록 만든다.

그런 다음 직사각형 판을 섞고 눈을 가린 후 한 개를 집어 그 위에 손을 올려놓고 "선생님은 이제 이것과 온도가 같은 판을 찾을 거야."라고 말한다. 이렇게 모든 판의 짝을 찾으면 다시 판을 섞고 아동에게 따라 해 보라고 권한다.

성과 확인

손으로 느낀 것을 눈으로 확인할 수 있다.

중량 감각

중량판

교구

세 개의 상자에 각기 일곱 개의 나무 판이 들어 있다. 첫 번째 상자에는 가벼운 판을, 두 번째 상자에는 중간 무게의 판을, 세 번째 상자에는 무거운 판을 넣는다. 가벼운 판은 밝은 색, 중간 무게의 판은 "중간색", 무거운 판은 짙은 색이다.

연령

2년 6개월 이상

실행 방법

교사는 무게가 다른 세 종류의 판에서 각각 세 개씩을 꺼내 2열로 배열한다.

최대한 허리를 쭉 편 자세를 강조하면서 앉는다. 가벼운 판을 한 손에, 무거운 판을 다른 손에 잡아 손가락 끝에다 올려놓는다. 양손으로 두 판의 무게를 비교해 본다.

그런 다음 왼손에 있던 판을 오른손으로, 오른손에 있던 판을 왼손으로 옮긴다.

아동이 따라 하겠다고 자발적으로 나설 때까지 교사는 설명을 반복한다.

아동이 원할 경우, 교사는 가벼운 판을 한쪽 손끝에, 무거운 판을 다른 손끝에 올려놓아 준다.

아동이 차이를 느꼈다고 확인하면 판을 치운다. 이런 식으로 계속한다.

그런 다음 아동에게 눈을 가리고 차이를 비교해 보고 싶으냐고 물어 본다.

교사가 먼저 눈을 가리고 시범을 보인다.

천칭이나 우편용 저울을 이용하면 훨씬 큰 도움이 된다.

성과 확인

우선 색을 통해 가볍거나 무겁거나 하는 식의 "성과 확인"이 가능하다. 저울을 이용하면 성과 확인을 쉽게 "객관화"할 수 있다.

소리통: 열 두 개의 깡통을 두 개씩 짝을 지어 여섯 쌍의 깡통이 각기 다른 소리가 나도록 만든다. 그래서 같은 소리가 나는 깡통끼리 짝을 짓는다. 같은 소리가 나는 깡통이 맞게 맞추어졌는지 눈으로 확인할 수 있도록 밑면에 표시를 한다.

청각

소리 구별 연습용으로 몬테소리 교구에는 **소리통**과 **음감벨**이 있다.

소리통

교구

열두 개의 깡통이 든 나무 상자. 여섯 개의 깡통에는 빨간 덮개를, 나머지 여섯 개에는 파란 덮개를 씌운다. 어떤 경우든 두 세트의 크기가 같은 것이 중요하다. "빨간" 깡통 하나와 "파란" 깡통 하나에 같은 소리를 내는 작은 씨앗이나 돌을 같은 숫자로 집어 넣는다. 이런 식으로 소리가 다른 여섯 쌍의 깡통을 만든다.

각 쌍의 밑면에는 표시를 해 두어, 눈으로 성과 확인을 할 수 있다.

연령

3세 이상

실행 방법 1

교사는 흔들었을 때 특히 소리 차이가 심한 세 쌍의 깡통을 선별한다. 가장 시끄러운 소리가 나는 깡통 하나를 들어 천천히 조심스럽게 흔든다. 잠시 후 다른 색의 깡통 중 하나를 마찬가지 방법으로 흔든다. 같은 소리라는 것을 확인하면 둘을 함께 옆에다 모아 둔다. 같은 소리가 아니면 제자리에 두고 다른 깡통을 흔들어 본다. 세 쌍을 모두 찾으면, 정말 맞는 짝인지 밑면의 표시를 확인한다.

이제 깡통을 다시 섞어 아동에게 따라 해 보라고 권한다.

성과 확인

성과 확인을 위해 모든 쌍을 다시 한 번 흔들어 소리를 점검한다. 그런 다음 밑면을 살펴보아 같은 표시의 깡통끼리 "짝이 맞추어졌는지"도 눈으로 확인한다.

교사는 한 가지 색의 깡통들만 모아 섞은 다음 소리가 가장 시끄러운 것을 앞에다 세운다. 그런 다음 깡통을 모두 흔들어 보고 가장 소리가 약한 것을 골라 간격을 두고 오른쪽 끝에 세운다. 남은 깡통을 다시 흔들어 보고 시끄러운 순서대로 두 깡통 사이에 배열해 넣는다. 다른 색의 깡통 여섯 개 역시 같은 방법으로 순서에 따라 배열한다.

아동은 원하면 따라 해도 된다.

성과 확인

두 줄로 배열된 깡통의 소리가 같다는 것을 눈으로 확인할 수 있다.

빨간 깡통과 파란 깡통을 따로 모아 놓은 후 교사는 아동에게 요구할 수 있다. 이것하고 소리가 똑같은 걸 찾아보렴.

음감벨

교구

도에서 시까지 한 옥타브의 소리가 나는 종 두 세트.

첫 번째 세트는 검은색과 흰색의 꽂이에 들어 있어 피아노 건반과 유사한 느낌을 준다.

두 번째 세트는 갈색 나무로 만든 꽂이에 들어 있다.

그 밖에 판자 하나, 작은 나무 망치, 펠트 조각.

연령

3세 이상

실행 방법

1. 교사는 피아노 건반 세트에서 음색 차이가 가장 심한 세 개의 종을 선택한다. 이것을 음 높이 순서대로 배열한다. 그리고 갈색 세트에서 이것과 같은 음색의 종 세 개를 꺼내어 섞는다. 차례로 배열된 종을 하나씩 들어 흔들어 본 후 갈색 세트의 종을 흔들어 같은 소리끼리 짝을 짓는다. 짝을 찾은 종은 옆으로 치운다. 이렇게 해서 세 쌍을 모두 찾으면 갈색 종을 다시 섞어 아동에게 따라 해 보라고 권한다.

2. 교사는 피아노 건반 세트를 옥타브 순서에 따라 모두 배열한다. 가장 높은 음과 가장 낮은 음을 먼저 찾아 양쪽 끝에다 놓은 후 다른 종의 음색을 계속 비교하여 그 사이를 채운다.

옥타브 순서에 따라 배열이 모두 끝나면 아동에게 갈색 종으로 똑같이 배열해 보라고 권한다.

성과 확인

음계의 "올바른" 배열

미각병: 맛을 보고 같은 맛이 나는 병을 찾아내는 연습. 가장 섬세한 감각 훈련.

미각

미각병

교구

스포이트가 달린 병이 네 개 들어 있는 세트 두 개. 각 세트는 색을 다르게 하여 표시해 놓는다.

- 소금 용액
- 설탕 용액
- 쓴맛이 나는 용액(예를 들어 쓴 소금)
- 신맛이 나는 용액(예를 들어 아스코르빈산이나 레몬산)

같은 맛이 나는 병은 아래쪽에 같은 색의 점을 찍어 표시를 한다.

3년 6개월

실행 방법

교사는 두 세트를 일정한 간격을 두고 탁자 위에 놓는다. 물이 담긴 작은 샬레와 역시 물이 담긴 유리잔 하나, 수건을 준비해 둔다.

병 하나에서 스포이트를 이용하여 용액을 찍어 올린 다음 손등에 떨어뜨려 어떤 맛이 나는지 시음한다.

미각 신경을 "깨끗이" 하기 위해 물을 마셔 다시 입 안을 헹군다. 그런 다음 다른 병에 든 용액을 시음하여 같은 맛이 나는 병을 찾는다. 짝을 모두 찾으면 병을 뒤집어 같은 표시가 있는지 확인한다.

병을 다시 섞는다.

아동이 하고 싶어하면, 계속할 수 있다.

성과 확인

"모든 짝이 찾아지면 교사는 병을 뒤집어 같은 표시가 있는지 모두 알아볼 수 있도록 확인한다."

한 쌍의 후각 유리병에는 페퍼민트유, 장미유, 레몬유와 같은 액체가 들어 있다. 같은 냄새가 나는 짝을 찾는 연습이다. 같은 냄새가 나는 유리병 한 쌍에는 밑면에 같은 색의 표시가 되어 있다. 그래서 올바르게 되었는지 쉽게 알 수 있다.

후각

후각통과 후각 유리병

교구

같은 냄새가 나는 두 개의 후각통과 후각 유리병 여러 쌍.

후각통은 아니스, 커피, 캐러웨이, 라벤더, 로즈마리, 계피와 같은 독특한 냄새가 나는 물질이 들어 있다.

후각 유리병에는 페퍼민트유, 레몬유, 장미유, 오드콜로뉴 등 독특한 냄새가 나는 액체가 들어 있다. 식초나 암모니아수같이 불쾌한 냄새가 나는 물질은 너무 독하지 않도록 소량만 넣는다.

각 쌍 밑면에는 알아볼 수 있도록 같은 색으로 표시가 되어 있다.

3세 이상

교사와 아이는 후각 기관의 민감도를 가능한 한 높이기 위해 코를 씻는다.

냄새의 차이가 가장 심한 세 쌍의 병으로 시작한다. 세 쌍의 병을 섞은 후 첫 번째 병의 뚜껑을 열고 냄새를 맡는다. 손을 이용해 코 방향으로 부채질을 하여 냄새가 코 속으로 들어오게 한다.

냄새를 확인한 후 다른 병을 열어 같은 냄새가 나는 병을 찾는다.

찾아낸 쌍은 옆으로 치운다.

모든 쌍이 제 짝을 찾으면 병을 다시 섞은 후 아동에게 스스로 해 보라고 권한다.

아이와 교사는 병 밑면 표시를 보고 올바르게 배열되었음을 확인할 수 있다.

제7장
실제 생활 연습

마리아 몬테소리는 『아이들은 다르다』에서 "아동에게는 손의 움직임이 생활 필수품이라는 사실을 아직 깨닫지 못한 어른들"이 그로써 아동의 정신 발달을 방해한다고 말했다. 어른들이 인내심이 부족하며 자기가 하면 "훨씬 빨리 그리고 훨씬 잘" 할 수 있는 일을 아이가 제대로 못하고 끙끙거리는 모습을 못 보기 때문이다.

"아이가 머리를 빗으려고 하면 어른들은 이 경탄할 만한 노력을 기쁘게 지켜보는 것이 아니라 자신의 존재 법칙에 대한 도전으로 받아들인다. 아이가 머리를 제대로 빗지도 못할 뿐 아니라 속도도 느리고 또 아무리 애를 써도 정돈된 머리 모양이 나올 수 없다고 생각한다. 어른인 자기가 하면 훨씬 빨리 그리고 훨씬 잘 할 수 있는데 말이다. 그러므로 기쁜 마음으로 인격 도야에 중요한 활동을 수행 중이던 아동은 집채만한 거인이 다가와 그의 손에서 빗을 빼앗으면서 자기가 빗겨 주겠다고 선언하는 모습을 그냥 지켜볼 수밖에 없다. 아무리 저항해 보았자 소용없는 일이다. 혼자 옷을 입어 보거나 구두 끈을 매어 보려고 해도 그때마다 같은 일이 일어난다……

이렇듯 어른들은 아동에게 가장 중요한 영혼의 욕구를 도와주기는커녕 아동이 행동을 습득하려고 노력할 때마다 아동의 연습을 자신의 숙련된 솜씨로 대체해 버린다. 그 결과 아동의 실행 방식을 차단하여 아동의 내적 발달에 가장 심각한 장애물이 된다. 씻지 않으려고, 머리를 빗지 않으려고, 옷을 입지 않으려고 발버둥치는 '변덕스러운' 아동의 눈물은 성장해 가는 인간이 체험하는 최초의 극적 투쟁의 증거이다"(몬테소리, 『아이들은 다르다』, 126~128쪽).

일상 생활 연습이라고도 불리는 실제 생활 연습은 이런 현실에서 출발한다. 집 안에서 어른들이 시범을 보인 일을 따라 해 보고 싶다는 욕망을 아동이 충족시키기란 쉽지 않다. 그 때문에 아동은 실질 지능의 발달이 저지될 뿐만 아니라 자립심과 자의식의 발달 역시 방해를 받는다.

마리아 몬테소리의 말을 들어 보자. "그러므로 우리는 아동에게 주변에서 활동을 연습해 볼 수 있는 '수단'을 제공해야 하며, 어린이 집에서는 3세에서 6세에 이르는 다양한 연령층의 아동이 한 가족의 형제 자매처럼 함께 살아가기 때문에 각기 다른 일이 필요하다는 사실을 분명하게 깨달아야 한다.

실제 생활에 필요한 대상들은 학문적 목적이 없다. 아이들이 있는 곳이면 어디서나 사용되는 그런 대상들이다. 집에서도 사용되는 물건들이며 다만 아이들의 수준에 맞게 크기를 줄였을 뿐이다"(몬테소리, 『아동의 발견』, 93쪽).

또 다른 구절을 살펴보자. "학교[12]에 정원이 딸려 있는 경우 잔디 가꾸기, 식물 가꾸기, 그곳에서 자라는 과일 수확하기 등도 실제 생활 연습에 포함된다. 아이들이 정원에서 보내는 시간이 많을 경우 점심 준비도 연습 과정에 포함된다. 점심 식사 준비는 힘이 많이 들고 어려우면서도 가장 재미있기도 한 생활 연습의 계기가 된다. 예를 들어 상 차리기, 음식 차리기, 예의 바르게 먹기, 설거지하기, 식탁보 개어 제자리에 갖다 놓기 등이 있다"(몬테소리, 『아동의 발견』, 94쪽).

일상 생활 연습에는 다음과 같은 것들이 있다.

- 먼지 털기
- 끈 풀고 묶기
- 꽃에 물주기
- 꽃꽂이하기
- 바닥 닦기
- 다림질하기
- 똑딱단추 열고 닫기
- 선 따라 걷기
- 고리 열고 채우기
- 손 씻기
- 단추 열고 채우기

---

12) 마리아 몬테소리는 유치원과 같은 교육 기관을 지칭할 때도 항상 "스쿠올라"(학교)라는 용어를 사용하였다.

단추 틀: 이 틀은 아침마다 옷을 입혀 주는 어머니와는 달리 인내심이 많아서 아동이 하고 싶은 만큼 계속 반복해도 야단치거나 윽박지르지 않는다.

- 금속 닦기
- 쌀 붓기
- 혁대 풀고 채우기
- 구두 벗고 신기
- 구두 닦기
- 냅킨 접기
- 먼지 닦기
- 양탄자 청소하기
- 식탁 닦기
- 식탁 차리기
- 자물쇠 열고 채우기
- 빨래하기
- 물 따르기

잠금 장치가 달린 틀

마리아 몬테소리는 아이들이 성급한 어른들의 재촉을 받지 않고서 단추를 채우거나 끈을 묶고 싶은 욕구를 마음껏 발휘할 수 있도록 이 교구를 개발하였다.

교구

나무틀의 양쪽에 두 개의 직사각형 천 조각을 고정시킨다. 이 조각들은 중앙에서 겹친다.

천 조각이 겹치는 부분에는 다음의 장치가 달려 있어 양쪽 천을 결합할 수 있도록 되어 있다.

- 끈
- 똑딱단추
- 고리
- 단추(크기에 상관없음)
- 혁대
- 구두 끈

실행 방법

교사는 똑딱단추 틀을 가져와 아이에게 단추 여는 법을 침착하고 정확하게 설명한다. 양쪽 천이 삐뚤어지지 않게 잘 맞춘 다음 다시 침착하게 천천히 똑딱단추 채우는 방법을 가르쳐 준다. 아동이 따라 해 보겠다고 나설 때까지 계속 같은 동작을 반복한다.

아동이 똑딱단추를 "완전히 파악"하면 다음 틀을 가져와 다른 끈이나 단추의 사용법을 보여 준다. "똑딱" 하며 잠기는 소리와 함께. 아동은 "지대한 관심"(마리아 몬테소리)을 갖고 여러 차례 단추를 채웠다 풀었다 하는 과정을 반복한다.

마리아 몬테소리는 아동이 이 과정을 통해 "놀랄 만큼의 손재주"를 익힌다는 사실을 알게 되었다. 그리고 나면 아동은 "기회가 있을 때마다 진짜 옷의 단추를 채우고 싶어한다. 또 자기 옷만이 아니라 친구들의 옷을 입혀 주고 싶어한다. 이것이야말로 아이들이 찾던 만족이다. 아이들은 도와주겠다는 어른의 손길을 있는 힘껏 뿌리친다"(게슬라인, 『일상 생활』에서 재인용, 18쪽).

░ 성과 확인

저절로 확인된다.

손 씻기

░ 교구

"어른들의 무릎 높이에도 미치지 않는 나지막한 작은 수도꼭지, 작은 비누 조각, 손톱 솔, 작은 수건같이 크기가 작은 세면 도구를 아이의 손이 미치는 곳에 둔다. 만일 수도가 없을 경우 세면대나 세숫대야, 작은 단지, 씻고 난 물을 버릴 수 있는 통"(몬테소리, 『아동의 발견』, 94쪽).

2년 6개월 이상

교사는 손 씻기 방법을 아주 상세하게 설명해 주어야 한다.
우선 손목시계, 팔찌, 반지 등을 빼고 소매를 걷는다.

물을 세숫대야에 부을 때도 세세한 부분까지 신경을 써야
한다. 예를 들어 "단지를 바닥에 내려놓기 전에 단지에 묻는
물방울을 수건으로 훔친다"(게슬라인, 『일상 생활』, 20쪽).

교사는 우선 손 씻기 방법을 세세한 부분까지 자세하게 설
명한다. 손을 씻은 후 손톱 솔을 쓰는 법과 손을 말리는 법,
정리를 하고 손에 크림을 바르는 과정까지 실행해 보인다.

처음부터 끝까지 제대로 했을 경우 전 과정은 명상의 성격
을 띤다. 다시 말해 인간이 자기 자신과 접촉하는 일상 속 명
상의 시간인 것이다.

적잖은 교사들이 이 설명 과정을 무척 힘들어 한다. 너무
당연한 것을 꼼꼼하게 설명해야 하니 말이다. 하지만 위생이
나 효과만을 따지는 일상의 씻기 과정을 생각할 때 그런 어려
움쯤은 감수해야 할 것이다.

저절로 확인된다.

구두 닦기

교구

여러 켤레의 구두, 먼지 터는 솔, 광택용 솔, 구두약을 바르는 데 사용할 솔이나 천, 구두약, 광택용 천, 앞치마, 밑에 깔 신문지

연령

3세 이상

실행 방법

여기서도 교사는 전 과정을 상세하게 설명해야 한다. 교사와 아이가 마지막 정리와 손 씻기를 해야 하는 것은 물론이다.

성과 확인

구두가 놀라울 정도로 윤이 난다.

먼지 닦기

교구

천, 솔, 가구 광택제

연령

2년 6개월 이상

실행 방법

교사는 먼지가 쌓인 가구를 찾는다. 아이들이 훑어볼 수 있도록 키가 낮은 것이어야 한다.

교사는 가구가 역광을 받는 지점을 택하여 자신이 서 있는 위치에서 시작한다. 그 부분이 끝나면 다른 모서리, 안쪽 순서로 닦아 나간다.

아이들이 이 점에 특히 관심을 보인다.

● 가구의 먼지가 없어졌다는 점
● 천에 묻는 먼지

성과 확인

먼지가 없어진다.

금속 닦기

방수포, 금속용 세제, 솜, 나무 막대, 광택용 천, 작은 솔

■ 연령

4세 이상

■ 실행 방법

교사는 더러워진 금속(동, 놋쇠, 은이나 금)을 준비한다. 이것을 금속용 세제와 함께 방수포 위에 올려놓는다. 작은 나무 막대 끝을 솜으로 감는다.

세제 병을 흔들어 뚜껑을 열고 (윗면이 아래로 오도록!) 세제를 방수포에 부은 다음 그것으로 금속을 문지른다. 솜으로 금속에 묻은 세제를 닦아 낸다. 교사는 전 과정을 차근차근 자세하게 설명해야 한다. "집중적인 윤내기로 작업을 마무리한다"(게슬라인, 『일상 생활』, 27쪽).

■ 성과 확인

금속에 윤이 난다. 이 연습은 마리아 몬테소리가 어린 시절에 어머니를 돕고자 즐겨 하던 타일 닦기를 떠올린다.

경험으로 미루어 보건대, 아이들은 솜에 묻은 때와 반짝이는 금속에 특히 관심을 보인다.

꽃꽂이하기

⦁ 교구

큰 방수포, 꽃병, 깨끗한 물이 담긴 단지, 가위, 마른걸레,
꽃, 쓰레기통

⦁ 연령

3세 이상

⦁ 실행 방법

우선 교사는 탁자 위에 방수포를 간다.

꽃병에 물을 채운다.

물방울이 꽃병에 묻거나 방수포 위에 떨어지면 깨끗하게 닦
는다.

꽃병 속에 들어가게 되는 줄기와 잎을 모두 떼어 낸다.

교사는 직업적인 정원사 못지않은 전문성을 갖추도록 교육
을 받아야 한다. 남은 쓰레기 치우기와 정돈하기도 중요한 과
정이다.

⦁ 성과 확인

예쁜 꽃이 마음에 든다(객관적인 판단 기준 없음).

상 차리기

유치원에서는 아침·점심·간식 시간, 생일 파티 등 식탁을 차릴 기회가 많다.

교구

포크에서 수프 그릇까지 집에서 일상적으로 사용하는 식사 도구

연령

3년 6개월 이상

실행 방법

식탁 차리기에 참여하고 싶은 아동은 자발적으로 지원한다. 나머지는 "손님" 역할을 한다.

식탁을 차리기 위해서는 식탁보, 냅킨, 접시, 그릇, 유리잔, 소금 등이 필요하다. 꽃 장식도 잊지 말아야 한다. 준비가 되면 음식과 음료를 부엌에서 가져와 식탁 위에 차리고 서빙을 한다.

손님들은 교사의 시범에 집중한다.

성과 확인

손님들의 반응

정숙 훈련

교구

없음

연령

3세 이상이 정숙 훈련에 적당하다. 이 명상 연습은 그룹별로
진행해야 한다. 아이들 그룹이 조용하고 느긋한 때를 택한다.

실행 방법

교사는 아이들에게 편안한 자세로 느긋하게 앉으라고 부탁
한 다음 "입을 다물고 가만있어 봅시다."라고 말한다.

이 연습에 참여하고 싶지 않거나 (그날 아침 유난히 산만하고
예민해 있어서) 참여할 수 없는 아이들은 옆방에서 다른 놀이
를 해도 된다.

아이들이 몇 분 동안 입을 다물고 편안한 자세로 느긋하게
앉아 있으면, 교사는 낮은 소리로 아이의 이름을 차례로 부른
다. 아이들은 최대한 조용하게 대답한다. 그런 다음 아이들에
게 시계 소리나 라디오 소리, 옆집의 아이 울음 소리, 공사 현
장 소음 같은 것이 들리는지 귀 기울여 보라고 말한다.

성과 확인

정적 느끼기

선 따라 걷기

교구

바닥에 타원형으로 선을 그린다. 유리잔, 양초, 종, 깃발, 작은 공, 수건, 모래주머니, 나무 정육면체 등.

연령

3세 이상

실행 방법

교사가 시범을 보인다. 선을 따라 걸으면서 발이 선에 완전히 닿도록 한다. 다시 말해 발끝과 발꿈치를 완전히 선 위에다 붙인다.

몬테소리의 말을 들어 보자. "이런 방식으로 양쪽 발을 앞뒤로 나란히 붙이려고 하면 넘어질 것 같은 느낌이 든다"(몬테소리, 『아동의 발견』, 102쪽).

아동이 이렇게 한 걸음 한 걸음 내딛는 데 성공하면 이번에는 더 어려운 요구를 해 본다.

물이 가득 들어 있는 유리잔을 들고 물이 쏟아지지 않게 조심하면서 걸어 보라고 한다.

종을 들고 종소리를 내지 않거나 아니면 나무 정육면체나 또 다른 것들의 탑을 들고 걸어 보라고 한다. 이는 아이들이 즐겨 하는 것이다.

물 따르기

성과 확인

앞발의 발꿈치가 뒷발의 발끝에 닿는 것을 느낀다.

아이가 물을 쏟지 않거나 종소리를 내지 않는다.

물 따르기

교구

쟁반, 표시[13]한 선까지 (염료 섞은) 물을 담은 유리 주전자, 마찬가지로 표시를 한 작은 병 두 개, 걸레

연령

3세 이상

---

13) 작은 병 두 개에 담긴 물의 양이 주전자에 담긴 물의 양과 동일하도록 표시한 것이다.

쌀 붓기: 집중력이 있어서 쌀알이
옆으로 떨어지지 않는다.

실행 방법

주전자, 염료 섞은 물 그리고 작은 병을 쟁반에 담아 탁자
위에 올려놓는다. 교사는 유리 주전자의 손잡이를 잡아 작은
병 두 개에 천천히 물을 나누어 붓는다. 주전자에 물방울이 묻
었을 경우 걸레로 닦는다. 이제 작은 병의 물을 다시 주전자
의 표시선까지 따른다. 교사는 천천히 그리고 정확한 동작으
로 전 과정을 보여 주어야 한다. 그런 다음 원하는 아동에게
주전자를 넘겨준다. 연습이 끝나면 물을 버리고 병을 깨끗하
게 닦는다.

아이들은 물을 채우는 과정을 통해 물의 양이 변할 것 같
은 인상과 달리 실제로 주전자의 물의 양이 변함없다는 사실
을 무의식적으로 경험한다. 이 연습을 자주 반복하다 보면 아
동은 "질량 불변"의 구조를 깨우치게 된다.[14]

쟁반 위에 떨어진 물이 하나도 없다.

쌀 붓기

교구

쌀이 들어 있는 샬레 하나와 빈 샬레 하나, 쟁반, 숟가락

연령

3세 이상

실행 방법

교사는 숟가락으로 쌀을 떠서 빈 샬레에 붓는다. 쌀알이 옆으로 떨어지면 손가락 끝("핀셋" 개념)으로 집어 담는다.

성과 확인

옆에 떨어진 쌀알이 하나도 없다면, 그것이 바로 "성과"이다.

---

14) 이것은 아동이 특정한 발달 시점에 자주 반복하는 활동 중 하나이다. 마리아 몬테소리가 들려주었던 여자 아이의 꼭지 원기둥 놀이나 피아제가 들려주었던 (종이 수탉 인형을 반복하여 침대 격자 안으로 끌어당기던) 딸아이의 행동도 마찬가지의 경우라 하겠다.

제8장
수학 교구

우리 사회의 이른바 "교양인"들 중에는 수학 문외한을 아무렇지 않게 보는 사람이 많다.

그래서 수학자들은—컴퓨터 전문가를 포함하여—극소수만이 근접할 수 있는 그 (비밀의) 학문을 하고 있다는 사실에 자부심을 느낀다. 하지만 수학과 기하학은 현실을 이용하는 중요한 작업 도구이다.

마리아 몬테소리는 아버지를 통해 그 사실을 일찍부터 깨우칠 수 있었던 행운아였다. 학창 시절에 그녀는—우리 대다수가 그랬듯이—학교가 수학이 아이들의 영혼을 위해 문을 열도록 하는 것이 아니라 정반대로 어렵고 이해할 수 없다는 인상을 심어 준다는 사실을 직접 경험하였다. 그래서 그녀는 아이들에게 수학을 전달해 주겠다는 자신의 이상을 담은 책에 『정신적 산수』라는 제목을 달았다.

몬테소리는 수학이 아동의 정신 발달을 위해 큰 가치가 있다고 보았다(몬테소리, 『정신적 산수』, 19쪽).

마리아 몬테소리가 아동의 발달을 주어진 신의 계획의 실현으로, 아동을 통한 이런 계획의 완성으로 생각했다는 사실은 앞에서도 이미 여러 차례 언급했다. 그녀는 프랑스의 종교철학자이자 수학자인 블레즈 파스칼처럼 아동의 자발적인 비교, 정돈, 계산, 측량을 "수학 정신"의 활동으로 보았다.

몬테소리 추종자들을 비롯한 많은 수학자들은 오늘날까지도 사고나 체계 구조의 구축이 의식적 인식으로 시작된다고 믿고 있다.

하지만 피아제를 통해서도 알 수 있듯이 성질의 비교와 구분은 "전의식(前意識)" 시기에 생겨나는 구조이다.

곧 구분을 확인하고 정리하고 지칭하는, 구분의 등급 역시 전의식 지능 발달의 시기에 시작된다.

논리적 사고의 전제 조건인 논리 구조 역시 전의식 시기에 생성된다. 이는 피아제가 여러 차례 반복하여 설명한 "부피 불변 개념"의 예에서도 알 수 있다.

마리아 몬테소리는 이 사실을 직관으로 간파하였다. 이런 인식을 바탕으로 그녀는 감각 교구를 개발하였다. 일상 생활 연습 중 몇 가지를 통해서도 "전의식" 단계의 이런 구조가 개발된다.

지능 조작의 기초인 내적 구조는 행동을 통해서만 생성된다. 마리아 몬테소리는 아동이 행동하면서 수학 구조를 습득할 수 있는 교구들을 개발하였다.

의사이자 교육가인 몬테소리가 20세기 초에 이미 수를 집합의 "성질"로 파악했다는 사실은 현대의 수학 전문가들에게 자극이 되었다. 1930년대 집합론으로 전 수학 체계의 새로운 기초를 다지려 노력했으며 60년대 집합론을 초등 학교에 도입하는 발판을 마련했던 부르바키 수학자 집단[15]보다 몇 십 년 앞섰으니 말이다.

　　몬테소리의 수학 교구들은 기존의 교구를 기초로 한다. 예를 들어 수막대는 감각 교구 **빨간 막대**가 발전된 형태이다. 수막대의 경우 길이의 측정 단위가 지칭되어 있다는 차이점이 있다. 다시 말해 숫자가 "개념"으로서 처음으로 등장하는 것이다. 아동은 막대를 잡아 만지면서 막대의 차이와 관계를 보고 느끼는 것이다.

　　마리아 몬테소리는 수학을 계산과 동일하다고 생각지 않았다. 수학이란 수의 체계를 이해하는 것이다. 그러므로 그녀의 교구는 "아동이 십진법의 체계 구조를 파악하도록" 도와주는 수단이다(몬테소리, 『정신적 산수』, 290쪽).

---

15) 옮긴이 주: 프랑스 수학자 집단의 필명. 1934년 무렵 『수학 원론』을 공동 저작하기 위하여 H. 카르탕, C. 슈발레, J. 델사르트, J. 디외도네, A. 베이유 등이 설립했다. 구성원은 50세를 정년으로 하기 때문에 몇 번 바뀌었으며 지금은 프랑스인 외에도 참가하고 있다. A. 그로탄디에크, L. 슈바르츠, J.P. 세르 등도 과거 구성원이었다. 『수학 원론』은 구조의 개념을 처음으로 수학적으로 정식화하였고 그것을 수학 각 부문의 분류 기초로 하여 수학의 기초적 모든 부분을 체계적으로 기술한 획기적인 저작이며, 잘 정리된 본문 이외에도 많은 결과를 포함한 연습 문제와 그 분야의 역사를 개관한 역사 각서로 되어 있다. 역사 각서는 『수학사』로 별도로 출판되고 있다. 텐서곱, 외적 대수, 위상 선형 공간 등 그때까지 문헌에도 없었던 중요한 개념을 최초로 기술하여 보급시킨 공적이 크다.

수학 교구는 1에서 10까지의 숫자로 시작한다. 이것은 아동이 "백이나 천 같은 큰 수의 이름"은 알고 있지만 "해당 양에 대한 명확한 관념"(몬테소리, 『정신적 산수』, 24쪽)은 없다는 몬테소리의 경험에 바탕을 두고 있다.

하지만 작은 수의 경우 아동은 그 의미를 알고 있다.

마리아 몬테소리의 말을 들어 보자. "아이들의 몸에는 코가 한 개, 손이 두 개 달려 있고 각 손에는 손가락이 다섯 개 달려 있다. 그래서 아이들은 사탕을 두 개 말고 세 개 달라고 요구한다. 이런 걸 보면 그게 무슨 의미인지 알고 있는 게 확실하다"(몬테소리, 『정신적 산수』, 24쪽).

수학 교구에서 가장 중요한 것은 0에서 10까지의 숫자가 늘 서로 연관되어 있다는 사실이다.

그러므로 계산과 개별 숫자 대신 "10"이라는 전체에 주목하고 이를 전체 양으로 인식해야 한다.

또 하나 특기할 만한 사실은 일단 10을 정복하고 나면 바로 "엄청난 도약"이 따른다는 것이다.

아동이 10의 범위 안에서 더하기, 빼기, 곱하기, 나누기를 할 수 있게 되면 세 자리 수, 네 자리 수라는 더 큰 범위 안에서도 비약적인 발전을 하게 되며, 이때 도움이 되는 교구는 **금색 비즈**이다(221~223쪽을 참조할 것).

마리아 몬테소리는 피아제가 설명했던 내용, 즉 아동은 우리가 지능적인 문제 해결이라고 부르는 내적 행동의 구조를 내면화하여 이를 외부 행동으로부터 분리시킨다는 사실을 직접 관찰도 하였다.

"아동이 스스로 충분한 계산 조작을 하고 이를 통해 그것을 내면화 하게 되면 누가 가르쳐 주지 않아도 최소한의 노력으로 가장 빠른 길을 찾으려고 노력하게 될 것이다. 교구를 치우고 교구의 도움 없이 문제를 풀어 보려고 할 것이다"(몬테소리, 『정신적 산수』, 103쪽. 이해를 돕기 위해 우리가 약간 수정했다. 저자).

수막대(파란 빨간 막대)

교구

가로와 세로가 각각 2.5cm인 막대 열 개. 가장 짧은 것은 10cm로 빨간색이며, 그 다음 것은 20cm로 절반은 빨간색, 절반은 파란색이고, 가장 긴 것은 100cm이고 10cm마다 빨간색과 파란색이 교대로 칠해져 있어 빨간색과 파란색이 각각 다섯 마디이다.

연령

빨간 막대를 연습한 경험이 있는 아동

실행 방법

우선 작은 순서대로 막대 세 개를 고른다.

교사는 제일 작은 막대를 한 손에 쥐고 그것을 손가락으로 훑으면서 "이건 1이야."라고 말한다. 그런 다음 두 번째 막대를 쥐고 "1, 2."라고 숫자를 세어 주고 막대를 훑으면서 말한다. "이건 2." 세 번째 막대도 같은 방법으로 숫자를 불러 준다.

아동에게 똑같이 따라 해 보라고 권한다.

그런 다음 막대를 섞고 나서 아이에게 말한다. "나에게 1을 보여 주렴."

세 번째 단계에서는 "이 막대가 뭔지 말해 줄래?"라고 묻는다.

이렇게 매일 조금씩 다른 막대를 가지고 연습을 계속한다.

막대를 전부 섞어 놓고 특정 막대를 가져오라고 시켜도("6을 갖다 주렴.") 아이들은 재미있어 할 것이다.

아동이 막대의 숫자를 전부 파악했다면 다음과 같은 요구도 자극이 될 것이다. "2(1, 3……)보다 하나 짧은 막대를 갖다 주렴."

성과 확인

앞에서 설명한 요구("6을 갖다 주렴.")가 성과 확인에 도움이 될 것이다.

모래 숫자판

교구

열 개의 판자에 사포로 만든 숫자를 0에서 9까지 오려 붙인다.

연령

수막대(212~213쪽을 참조할 것)를 연습한 경험이 있는 아동.

실행 방법

손가락 끝의 민감도를 높이기 위해 교사와 아동은 숫자판을 다루기 전에 손을 씻는다.

가장 작은 세 가지 숫자로 시작하거나 아동이 마음에 드는 숫자 세 개를 고른다. 교사는 검지와 중지로 숫자를 훑는다. 주의할 점은 쓰기 방향대로 따라가야 한다. 아동에게 따라 해보라고 권한다. 그런 다음 숫자를 섞어 하나를 고른 다음 검지와 중지로 따라 훑으면서 "이건 2야."라고 말하고 아동에게 숫자 판을 건네준다.

그런 다음 아동에게 "어느 것이 2일까?"라고 묻는다.

아동이 숫자판을 손가락 끝으로 따라 훑으면서 그 숫자를 말하고 교사에게 그 판을 건네준다.

마지막으로 교사는 아동에게 한 가지 숫자를 보여 주면서 질문을 던진다. "이 숫자는 몇일까?" 아동은 다시 검지와 중지로 숫자판을 따라 훑으면서 교사의 질문에 대답한다.

성과 확인

몬테소리의 저서에는 아동의 손가락이 사포를 벗어나 나무로 빗나가면 오류라고 되어 있다. 이것은 아동이 숫자를 제대로 따라갔느냐 그렇지 않느냐를 스스로 느낄 수 있는 중요한 피드백이다. 물론 이 피드백의 경우 손가락으로 어떤 숫자를 파악했으냐 하는 것은 확인할 수 없다.

따라서 이 부분의 성과 확인은 교사의 직접적인 피드백을 통해서만 가능하다. 아동이 틀린 숫자판을 가지고 왔을 경우 교사는 예를 들어 "이게 정말 2라고 생각하니?"라고 물어 볼 것이다.

숫자 카드와 수막대(파란 빨간 막대)

교구

수막대(파란 빨간 막대), 1에서 10까지 숫자가 붙은 나무판 열 개(=숫자 카드)

연령

수막대(212~213쪽을 참조할 것)와 모래 숫자판(213~214쪽을 참조할 것)를 연습한 경험이 있는 아동

실행 방법

교사는 먼저 아동이 아직 모르고 있는 숫자 10으로 시작한다. 열 개의 숫자 카드를 막대와 짝을 맞춘다. 이 과정에서 각 막대의 마디를 세어 본다. 그리고 막대를 숫자에 따라 배열하고 그 옆에 숫자 카드를 갖다 놓는다.

숫자 막대가 1에서 10까지 배열되면, 아동이 빨간 막대를 통해 알고 있는 숫자의 순서를 확인한다. 숫자 카드의 짝짓기는 막대의 마디를 세면서 재점검할 수 있다.

막대 상자와 막대

교구

칸이 다섯 개인 같은 크기의 큰 상자 두 개. 첫 번째 상자의 칸 뒷면에는 0에서 4까지, 두 번째 상자의 뒷면에는 5에서 9까지 쓰여 있다.

여기에 45개의 막대, 칸막이용 패킹 8개나 (아동이 매듭을 묶을 수 있으면) 매듭.

연령

수막대와 숫자 카드를 연습한 경험이 있는 아동

실행 방법

교사는 상자를 탁자 위에 올려놓는다. 막대 하나를 꺼내 "1"이라고 말하면서 이것을 뒷면에 1이라는 숫자가 쓰인 칸에 집어 넣는다. 막대 두 개를 집고 고무 패킹으로 칸막이를 한 후 2라는 숫자가 쓰인 칸에다 넣으면서 "2"라고 말한다. 막대가 모두 자기 칸에 자리를 잡을 때까지 이런 식으로 계속한다. 그

216

막대 상자와 막대: 빈 칸: "이 안에는 아무것도 넣지 않는 거야. 막대가 0개 있다는 말은 막대가 하나도 없다는 뜻이야."

런 다음 남은 막대가 없는지 살펴본다. 만일 막대가 남을 경우 어딘가 틀린 칸이 있을 것이다.

아동이 빈 칸을 발견하고 질문을 하면 교사는 이렇게 답한다. "이 안에는 아무것도 넣지 않는 거야. 이건 0이거든. 막대가 0개 있다는 말은 막대가 하나도 없다는 뜻이야."

이제 막대를 전부 다시 꺼내고 고무 패킹이나 매듭을 제거한 후 아동에게 따라 해 보라고 권한다.

성과 확인

막대가 모자라거나 남을 경우 제대로 되지 않은 것이다. 이럴 경우 막대가 전부 자기 자리로 들어갔는지 다시 한 번 확인한다. 0의 칸은 비워 두어야 한다는 사실에 아동이 주목하지 않을 경우, 교사는 아이의 관심을 끌어 0의 의미를 설명해 준다.

숫자와 칩

교구

나무로 만든 빨간색 숫자 1에서 10까지, 55개의 칩이 들어 있는 깡통 하나

연령

막대 상자를 학습한 경험이 있는 아동

실행 방법

교사는 0에서 10까지의 숫자를 아이가 보는 앞에서 섞은 다음 아동에게 1부터 10까지 순서대로 배열해 보라고 권한다. 그리고 각 숫자 밑에 그만큼의 칩을 놓는다. 칩은 2열로 배열한다. 홀수인 경우 마지막 칩은 아래쪽 중앙에 놓는다.

칩이 모두 분배되면 교사는 남은 칩이 없는지 점검한다. 만일 칩이 남았으면 틀린 것이다. 그런 다음 아동에게 따라 할 수 있는 기회를 준다.

성과 확인

마지막에 칩이 모자라거나 남으면, 틀리게 놓은 자리가 있

는지 점검한다.

아동이 칩을 숫자에 맞게 분배했을 경우 교사는 연필로 2열로 배열된 칩의 중앙을 따라 아래쪽으로 선을 그린다.

연필이 중앙에 놓인 칩과 만날 경우 곡선을 그려 피한다. 그러면서 "이건 홀수야."라고 말한다. 연필이 칩과 마주치지 않고 통과할 경우 "이건 짝수야."라고 말한다.

교사는 두 명의 아동과 연습을 할 수도 있다. 이 경우 두 아동에게 칩을 나누어 준다.

칩이 남을 경우는 홀수이며 칩이 남지 않을 경우는 짝수이다.

색 비즈 계단

교구

여러 개의 비즈 막대, 각 숫자마다 최소 두 개씩 있다.

비즈가 한 개 달린 막대 = 빨강

비즈가 두 개 달린 막대 = 초록

비즈가 세 개 달린 막대 = 분홍

비즈가 네 개 달린 막대 = 노랑

비즈가 다섯 개 달린 막대 = 하늘

비즈가 여섯 개 달린 막대 = 보라

비즈가 일곱 개 달린 막대 = 흰색

비즈가 여덟 개 달린 막대 = 갈색

비즈가 아홉 개 달린 막대 = 파랑

연령

숫자와 칩을 학습한 경험이 있는 아동

실행 방법

교사는 각 숫자에 해당하는 막대를 하나씩 뽑아 이것으로 색 비즈 계단을 만든다.

검지와 중지로 비즈가 한 개 달린 막대를 쓰다듬으며 말한다. "이건 1이야." 아동에게 따라 해 보라고 권한다. 이런 식으로 계단을 전부 쓰다듬는다.

그런 다음 막대를 섞고 그 중 하나를 골라 검지와 중지로 쓰다듬으면서 말한다. "이건 2야." 그리고 막대를 아동에게 건네준다.

아동에게 예를 들어 "어떤 게 6이지?"라고 묻는다.

아동은 막대를 검지와 중지로 만져 보고 숫자를 말하면서 교사에게 건네준다.

마지막으로 교사는 아동에게 막대 하나를 들고 묻는다. "이 숫자는 몇일까?" 아동은 다시 검지와 중지로 만져 본 후 답을 말한다.

금색 비즈 교구는 아동이 1자리 수, 10자리 수, 100자리 수, 1,000 자리 수의 연관 관계를 손쉽게 파악하고 나아가 십진수의 체계를 완전히 "이해할 수 있도록" 도와주는 데 그 목적이 있다. 10자리 수 이상은 아동이 10까지 셀 수 있을 때 시작해야 한다.

금색 비즈 교구

교구

열 개의 비즈("한 개짜리 비즈")이 담긴 쟁반, 열 개의 비즈가 달린 막대("열 개짜리 막대") 열 개, 열 개짜리 막대 열 개로 만든 정사각형("백 개짜리 정사각형") 열 개, 백 개짜리 정사각형 열 개로 만든 정육면체("천 개짜리 정육면체") 한 개. 한 개짜리 비즈를 꿸 수 있는 얇은 실.

백 개짜리 정사각형, 열 개짜리 막대, 한 개짜리 비즈가 담긴 쟁반을 세 개 더 준비한다. 마지막으로 빈 쟁반 몇 개.

연령

10까지 셀 수 있는 아동

실행 방법

이 연습의 출발점은 한 개짜리 비즈 열 개, 열 개짜리 막대 열 개, 백 개짜리 정사각형 열 개, 천 개짜리 정육면체 하나와 얇은 실이 담긴 쟁반이다.

교사는 비즈 하나를 잡고 "이건 1이야."라고 말한다. 그리고 실로 비즈를 차례차례 꿰면서 숫자를 센다. "1, 2, 3······ 10."

열 개짜리 막대 한 개를 들고 실에 꿴 비즈 열 개를 그 옆에다 놓으면서 "이건 10이야."라고 말한다.

같은 방법으로 열 개짜리 막대 열개로 정사각형을 만들고 이것을 백 개짜리 정사각형 옆에 놓으면서 "이건 100이야."라고 말한다.

그리고 백 개짜리 정사각형을 세면서 차곡차곡 탑을 쌓아 천 개짜리 정육면체와 비교한다. 이런 방법으로 아동은 행동하고 배우면서 천 개의 숫자 공간에서 움직이게 된다.

다음 단계로 교사는 예를 들어 아동에게 열 개짜리 두 개, 한 개짜리 여덟 개, 백 개짜리 다섯 개를 가져와 보라고 요구한다.

성과 확인을 위해 아동이 가져온 것을 세어 본다.

아동이 확실하게 알고 나면 조금 더 어려운 과제를 낸다. 예를 들어 "천 개짜리 다섯 개와 열 개짜리 두 개, 한 개짜리 여섯 개를 갖다 주겠니?"라고 요구한다.

아동은 이런 교환을 통해 다른 범주의 양이 같을 수도 있음을 행동으로 알게 된다. 예를 들어 33개의 한 개짜리 비즈을 열 개짜리 막대로 교환하는 과정을 통해 무수히 많은 양이 구조화된다.

게슬라인의 말을 들어 보자. "이런 교환 연습이 십진법 이해에 기초가 된다는 사실을 알 수 있다. 그렇기 때문에 이런 교환 연습은 여러 가지로 변형된 형태로 또 모든 범주에 다 사용된다"(게슬라인, 『수학 교구』, 30쪽).

여기서는 금색 비즈 교구가 어떤 차원을 열어 주는지에 대해서만 대략 설명하였다. 하지만 기존 계산법을 알고 있는 사람이라면 이 교구가 십진법 체계의 숫자 세계로 안내하는 완전히 색다른 성질의 교구라는 사실을 금방 알아차릴 수 있을 것이다.

세강 판 1[16]

교구

세강 판에서는 두 개의 판자가 관건이다. 판자 두 장, 각 판자는 다섯 구역으로 나누어져 있다. 첫 번째 판의 다섯 구역과 두 번째 판의 네 구역에는 각기 숫자 10이 들어 있다. 두 번째 판의 마지막 구역은 비어 있다.

---

16) 세강 판 2도 있으나, 이 책에서는 설명하지 않겠다. 이 교구를 소개하는 이유가 마리아 몬테소리가 어떤 것에서 영감을 얻었는지 보여 주려는 것이기 때문이다.

여기에 1에서 9까지 숫자가 쓰인 작은 판 아홉 개가 덧붙여진다.

그 밖에 금색 비즈 교구의 열 개짜리 막대와 한 개짜리 비즈가 있다.

연령

색 비즈 계단으로 11에서 19까지의 숫자를 익힌 아동

실행 방법

두 개의 판자를 나란히 놓는다. 교사는 숫자 10이 들어 있는 9개의 구역 옆에 열 개짜리 막대를 한 개씩 놓는다. 그런 다음 숫자 "1"이 쓰인 판자를 들어 첫 번째 10 옆의 빈 칸에 놓으면서 "11"이라고 말한다. 그리고 한 개짜리 비즈를 옆에 놓은 열 개짜리 막대 옆에다 갖다 놓는다. 그런 식으로 12에서 19까지 만든다.

그런 다음 교사는 아동에게 스스로 해 보라고 권한다.

우리는 제2장의 "읽기를 배우다"(65쪽을 참조할 것)와 "자발적인 글쓰기"(67쪽을 참조할 것)에서 마리아 몬테소리가 읽기와 쓰기를 위해 교구를 개발하였다는 사실을 설명했다. 게다가 몬테소리는 그녀의 손을 거친 최초의 교육 기관인 정신 지체아 모델 학교인 **스쿠올라 마기스트랄레 오르토프레니카**에서 나무로 철자를 만들어 정신 지체아들에게 읽기와 쓰기를 가르쳤었다. 그 결과 이 아동들은 같은 나이 또래의 "정상" 아동들보다 뛰어난 성적으로 시험에 합격하였다.

또 "민감기" 부분에서는 읽기와 쓰기 학습의 "민감기"(99쪽을 참조할 것)에 대한 몬테소리의 확신을 살펴보았다. 여기서는 취학 전 아동에게 사용할 수 있는 언어 교구 몇 가지를 소개하겠다.

금속 꼭지 도형

教구

피부색과 비슷한 색으로 래커 칠을 한 금속 정사각형(14×
14cm) 열 개, 약간 경사가 있는 나무판(14×60cm) 두 개.

정사각형 중앙에는 손잡이용 꼭지가 달린 푸른색 금속 도
형이 끼워져 있다.

첫 번째 나무판 위에는 직선 도형(정사각형, 직사각형, 삼각
형, 사다리꼴, 오각형)이 끼워져 있는 정사각형이 있다.

두 번째 나무판 위에는 곡선 도형(원, 계란형, 타원형, 4엽 장
식[17], 부채꼴)이 끼워져 있는 정사각형이 있다.

색연필, 금속 도형이 끼워져 있는 정사각형과 같은 크기의
종이.

연령

4세 이상

실행 방법

교사와 학생은 곡선 도형이 끼워져 있는 정사각형이 다섯
개 들어 있는 나무판을 탁자 위에 올려놓는다.

교사는 (보통) 원으로 시작한다. 원 모양 도형을 들어낸 정

---

17) 4엽 장식은 고딕 건축술에 많이 등장하는 네 개의 부채꼴로 된 장식 도형을
말한다.

사각형 틀을 흰 종이 위에 올려놓는다. 색연필로 정사각형 판에 나 있는 구멍을 따라 원 모양을 그린다.

정사각형 판을 다시 나무판에 올려놓은 후 금속 도형에 붙어 있는 꼭지의 중앙을 세 손가락으로 집어 그려진 원 위에 천천히 올려놓는다. 원과 정확하게 일치될 때까지 이리저리 맞추어 본다. 이제 도형의 윤곽을 다른 색연필로 다시 한 번 따라 그린다.

교사가 도형을 들어 올리면 아이들은 두 가지 색의 원을 본다.

마지막으로 교사는 두 색의 원을 세 번째 색연필로 칠한다. 원을 채우는 방식은 한 방향의 평행선을 사용해야 한다.

마리아 몬테소리는 아동이 교사의 방향 지시 없이 혼자서 색칠하는 것이 중요하다는 점을 지적하였다. 왜냐하면 한 도형을 색칠하는 것은 "열 페이지를 작은 선으로 채우는 것만큼의 손동작을 요구하는 작업이기 때문이다. 자신에게 맞는 방향을 선택할 수 있을 경우 아동은 지치지 않고 이 목적에 필수적인 근육 수축을 조정할 수 있다. 눈앞에서 화려한 색의 큰 도형이 만들어지는 것을 보고 아동은 만족감을 느낀다"(몬테소리, 『아동의 발견』, 233쪽. 이해를 돕기 위해 우리가 약간 수정했다. 저자).

그런 다음 교사는 아동에게 따라 해 보라고 권한다.

이런 방법으로 열 개의 도형이 모두 칠해진다.

아이가 혼자 해 보고 싶다고 말할 경우, 스스로 하도록 허락한다.

∴ 성과 확인

여러 가지 도형이 그림과 일치한다.

아동은 손가락으로 따라 쓰기를 통해 철자를 익힌다. 철자를 벗어나면 금방 알아차린다.

모래 철자판

교구

나무판에 부착된 밝은 색상의 모래 철자(사포로 되어 있음). 모음이 부착된 나무판은 파란색, 자음을 부착한 나무판은 빨간색이다.

연령

4세 이상

실행 방법

교사는 모래 철자판에서 우선 서로 다른 모음, 예를 들어 a

와 e를 선택한다. 검지와 중지로 첫 번째 철자의 모래 부분을
따라 가면서 그 철자의 음을 길고 또렷하게 발음한다. 예를 들
어 "Aaaaaaa. 이건 a야." 몇 차례 반복한 후 아이에게 모래 철
자판을 주면서 따라 해 보라고 권한다.

손가락이 철자의 선을 벗어나면 매끄러운 나무가 나오므로
아동은 금방 알아차리고 다시 철자로 돌아올 수 있다.

마리아 몬테소리의 말을 들어 보자. "그러므로 아동은 틀
릴지도 모른다는 걱정을 버리고 혼자서 철자 따라 쓰기에 필
요한 동작을 수없이 반복할 수 있다"(몬테소리, 『아동의 발견』,
236쪽).

모음을 조금밖에 배우지 못한 아동에게도 자음 연습을 권
할 수 있다.

그렇게 하면 단어를 금방 만들 수 있다는 장점이 있다.

이에 관해 마리아 몬테소리는 말했다. "자음 학습에서 특별
한 규칙을 따르는 것이 유익하다고 생각지 않는다. 아동이 어
떤 이름을 듣고 그 이름을 만들자면 어떤 자음이 필요할까 알
고 싶어하는 경우가…… 아주 허다하다. 아동의 이런 의지는
자음의 순서를 생각하는 것보다 훨씬 **효과적인** 수단이다"(몬
테소리, 『아동의 발견』, 237쪽).

아동이 많은 수의 철자를 이런 식으로 "파악하면" 교사는
철자 몇 개를 책상 위에 펼쳐 놓고 아이에게 특정한 철자를
갖다 달라고 부탁한다. 아이가 눈으로 철자를 찾지 못하면 손
으로 만져 보라고 권한다. 그래도 효과가 없으면 교사는 더 이
상의 요구를 하지 않는다.

아동이 다시 모래 철자판에 관심을 보이면, 처음부터 반복한다.

🌑 성과 확인

교사의 피드백을 통해 아동은 제대로 했다는 것을 알 수 있다.

움직이는 알파벳

🌑 교구

여러 개의 칸으로 나뉜 납작한 나무 상자. 각각의 칸에는 모래 철자의 크기와 색상(자음은 파랑, 모음은 빨강)이 같은 합성 수지 알파벳이 들어 있다.

🌑 연령

4세 이상

🌑 실행 방법

아동이 자음과 모음을 몇 개씩 알고 있을 경우 교사는 개별 철자의 사용법을 연습시켜 본다. 우선 상자 하나를 책상 위에 올린다. 그 안에는 모음 전체와 자음의 절반이 들어 있다.

교사는 아동의 이름을 부른다. 예를 들어 "리사(Lisa)"라고 한다면 음가를 하나하나 떼어 큰소리로 말한다. Lllll-iiii-ssssaaaa. 그런 다음 L을 강조하면서 나무 상자의 칸에서 L을 꺼내 책상 위에 내려놓는다. 그 다음 I와 S, A를 차례로 이런 식으로 발음하면서 꺼낸다. 그렇게 하여 철자를 단어로 합성한다.

유의해야 할 점이 있다.

1. 이 연습은 소리와 철자가 일치하는 단어를 선택해야 한다. 예를 들어 마마(Mama) 같은 단어.

2. 이 연습에서는 맞춤법이 전혀 중요하지 않다. 이 단계에서 아동은 음과 음성 기호의 상응이라는 문자의 기본 원칙을 익히는 것이다.

그러므로 맞춤법이 틀렸다고 해서 "고쳐" 주거나 비난해서는 안 된다.

단어의 음성 언어적 분석, 철자를 통한 음가의 재현이 중요할 뿐이다.

활자 상자(프레네의 인쇄소[18]처럼)를 이 연습에 이용해 보는 것도 괜찮다. 단어를 인쇄할 수 있다는 사실에 많은 아이들은 흥미를 느낀다.

성과 확인

책상 위에 놓인 철자 단어와 말한 단어가 일치한다.

---

18) 옮긴이주: 셀레스탱 프레네(Freinet, Célestin, 1896~1966): 프랑스의 교육가이며 프랑스 현대 교육의 선구자. 그는 자유로운 표현, 자유로운 글쓰기 그렇게 쓰인 것을 아이들이 협동하여 인쇄하는 작업을 중요하게 여겼다. 그래서 프레네 학교에는 인쇄 시설이 설치되어 있다.

글쓰기

교구

종이, 공책, 종이 묶음, 선이 그어져 있지 않은 칠판과 선이 그어진 칠판, 백묵, 석필, 여러 가지 두꺼운 펜.

연령

아동은 생후 2년 6개월부터 글쓰기에 관심을 가진다. 물론 여기에는 앞의 "민감기"(99쪽을 참조할 것) 부분에서 이미 살펴보았듯이 글쓰기를 중요하게 생각하는 환경이라는 조건이 따라 붙는다.

"민감기" 장에서 본 대로 에콰도르 키토의 **페스타**에서는 아이들이 9~10세가 되어야 자발적으로 읽기와 쓰기에 관심을 가진다. 반면 **카사 데이 밤비니**에서는 4세만 되면 모두 글쓰기에 지대한 관심을 보인다(67쪽을 참조할 것).

실행 방법

글쓰기에는 특별한 연습 과정이 없다.

다만 아이들이 글을 쓰기 시작하면 "오류"를 지적하지 않는 것이 중요하다.

아동이 귀로 들은 철자를 문자로 재현할 능력이 없다고 판단되면, 교사는 다시 모래 철자로 돌아가 아동이 손으로 따라 그리면서 철자를 익힐 수 있도록 도와주어야 한다.

시간이 많이 흘러 아동이 읽기를 통해 단어의 발음과 책 속의 문자가 똑같지 않다는 사실을 발견하게 되면, 비로소 이 주제에 대해 아동과 이야기를 나눈다.

아동이 말을 이해하고 거기서부터 "올바른" 쓰기에 대한 욕구가 생겼을 때 비로소, 아이들에게 적당한 사전을 주어 그들 스스로 "맞춤법"을 습득하도록 도와준다.

제4부

제10장
가정에서 몬테소리를

각 가정에서 아이들을 대할 때 몬테소리가 어떤 도움을 줄 수 있을까?

몬테소리의 깨달음에 담긴 핵심은 한마디 문장으로 요약할 수 있다. "나 스스로 하도록 도와주세요." 다른 말로 표현한 다면 이렇게 말할 수 있을 것이다. "나 스스로 할 수 있는 조건을 마련해 주세요."

"나 혼자 할 거야!"

우리 어른들이 이런 아동 발달의 기본 법칙을 거스를 때 아이들은 그들만의 표현과 경고로 우리에게 저항한다. "나 혼자 할 거야!"

그러므로 이런 "혼자 할 거야."라는 아이의 외침이 마치 빨갛게 깜박이며 웽웽거리는 비상벨처럼 울릴 때, 지금 내가 아동 발달의 중요한 기회를 박탈하려던 참은 아닌가, 우리는 생각해 보아야 한다.

대부분 이런 일은 스트레스나 조급한 행동, 여유 없는 행동에서 유발된다.

예를 들어 병원에 진료 예약을 해 놓았다고 하자. 그런데 아침을 먹다가 신문을 너무 오래 보고 있었다. 갑자기 시계를 보니 발등에 불이 떨어졌다.

빨리, 빨리, 옷 입어라……

"아이고, 탄야, 왜 그렇게 꼼지락거리니?" 나는 외투 단추를 잠그고 있는 딸에게 소리를 지른다. "세월 가는 줄 모른다니까. 이리와 내가 해 줄게."

"나 혼자 할 거야." 아이가 대답한다.

때마침 마리아 몬테소리의 말이 떠오른다. 나는 입술을 깨물고 부엌으로 들어간다. 그 빌어먹을 놈의 신문이 놓여 있다. 너 때문이야……

드디어 탄야가 단추를 다 잠갔다. 하지만 탄야는 내가 신경을 곤두세운 채 초초해 하고 있다는 걸 안다. 아이가 죄책감을 담은 표정으로 나를 힐긋 본다. 나는 "빌어먹을"이라고 중얼거리며 규정 속도 이상으로 차를 달린다.

대기실이 만원이다. 예약을 해 놓았지만 삼십 분을 기다렸다. 간호사가 미안하다고 사과를 한다. 나는 좀전에 그렇게 서둘렀던 것이 얼마나 한심한 짓이었던가 싶어 탄야에게 말한다.

"아까 엄마가 네 단추 채워 주면서 너무 서둘렀지. 미안해."

탄야는 작은 손으로 내 팔을 잡으면서 환하게 웃는다. 가슴이 따뜻해진다. 갑자기 내가 모범 엄마가 된 기분이다. 그래서 앞으로는 탄야에게 좀더 많은 시간을 할애하면서 인내심을 키워 보리라 다짐한다.

우리 모두는 이렇게 좋은 의도로 지옥 길을 닦고 있다. 아이에게 여유와 인내심을 발휘하는 것이야말로 세상에서 가장 힘든 일일 것이다.

마음은 그렇지 않으면서도 얼마나 많은 죄를 짓고 있는지.

아이에게 여유와 인내심을 발휘한다는 것, 그것은 정말 어려운 일이다. 하지만 그렇게 해야만 아이가 자신의 경험을 쌓을 수 있고 그 과정을 통해 "자신"이 될 수 있으며 자신에게서 확신을 길러 내는 조화로운 인간이 될 수 있다.

진정으로 자녀에게 여유와 인내심을 발휘하려고 노력하고—만일 그 노력이 성공하지 못할 경우—"혼자 할 거야."라는 아이의 주장이 옳다는 사실을 아이에게 솔직하게 인정하는 부모라면, 자녀를 똑똑하고 다정하며 공손하고 책임감 강하고 자의식이 투철한 아이로 키워 노력의 몇 배에 버금가는 보상을 받게 될 것이다.[19]

아동의 이런 "혼자 할 거야."라는 의지를 책임감을 가지고

---

19) 아이에게 인내심을 발휘하는 것이 힘든 이유는 어른의 본성 때문이다. 마리아 몬테소리는 말했다. "어른들에게는 직선으로 달려 최단 시간 안에 목표에 달성하는 것이 일종의 자연 법칙이다. 이를 위해 어른들은 '최소한 비용 법칙'이라는 표현을 사용한다. 자신이라면 눈 깜짝할 사이에 훨씬 완벽하게 해낼 수 있을 쓸데없는 행동에 아이가 엄청난 노력을 투자하고 있는 광경을

받아들이는 것이야말로 마리아 몬테소리가 우리에게 가르쳐 주는 가장 중요한 교훈이다.

아동의 건축 계획과 "민감기"

"혼자 할 거야!"라는 말로 아동은 자신의 주인은 바로 자기 자신임을 표현한다. 몬테소리의 표현을 살펴보자. 아동은 "수수께끼 같은 자기 개인의 존재를 열어 줄 열쇠를 처음부터 자기 안에 담고 있다. 다시 말해 영혼의 건축 계획과 예정된 발전의 원칙을 가지고 있는 것이다. 하지만 아직 깨지기 쉬운 민감한 상태이므로 어른들이 자기 의지와 과도한 권력욕으로 때 이르게 개입하게 되면 아동의 건축 계획이 망가지거나 잘못된 방향으로 실현될 수 있다"(몬테소리, 『아이들은 다르다』, 55/56쪽).

이런 "내면의 건축 계획"은 "민감기"에 특히 명확하게 나타난다.

앞에서 이미 설명한 내용을 보다 상세하게 보충 설명을 하

목격하면, 어른들은 아이를 도와주기 괴로운 연극을 단칼에 끝내 버리려고 한다……. 아이가 머리를 빗으려고 하면 어른들은 이 경탄할 만한 노력을 행복한 느낌으로 지켜보는 것이 아니라 자신의 존재 법칙에 대한 도전으로 받아들인다. 아이가 머리를 제대로 빗지도 못할 뿐 아니라 속도도 느리고 또 아무리 애를 써도 정돈된 머리 모양이 나올 수 없다고 생각한다. 자기가 하면 훨씬 빨리 그리고 훨씬 잘 할 수 있는데 말이다. 그러므로 기쁜 마음으로 인격 도야에 중요한 활동을 수행 중이던 아동은 집채만한 거인이 다가와 그의 손에서 빗을 빼앗으면서 자기가 빗겨 주겠다고 선언하는 모습을 그냥 지켜볼 수밖에 없다. 아무리 저항해 보았자 소용없는 일이다." (몬테소리, 『아이들은 다르다』, 125~126쪽)

려는 목적에서 "청결 민감기"를 예로 들어 보겠다. 이 시기 동안 아동은 스스로 배변을 조절하고 소변과 대변을 어른들이 하는 방식대로 처리하기 시작한다. 우리의 문화적 상황에서는 어른들이 유아용 변기 덮개를 사용하게 해 줄 경우 화장실에서 배변을 하고 싶어한다. 또는 유아용 변기를 사용하려 한다.

이 "민감기"는 대부분의 경우 생후 1년 6개월부터 **시작된다**. 그 전에는 부모의 심각한 (정신적 혹은 물리적) 압박이 있을 경우에만 "청결"이 가능하며, 이러한 경우 심각한 정신적 후유증을 낳게 된다.

하지만 아이에게 기저귀를 채우게 되면 청결 민감기가 시작되는 즉시 제 기능을 발휘하는 데 장애가 된다. 그 시기에 아이들은 부모나 형제를 본보기 삼아 제 힘으로 배설하려 한다.

겨울에 태어난 아이가 부모와 함께 여름 동안 해변에서 휴가를 보낼 경우 제 스스로 기저귀를 벗어 던지는 일이 허다하다. 이 정도 나이의 아이는 이미 괄약근을 조절할 수 있는 능력이 있다. 벌거벗은 채로 해변을 돌아다니기 때문에 소변이 다리를 타고 흘러내리거나 대변이 밖으로 나오려 함을 느끼게 되어 본능적으로 쪼그려 앉게 된다. 충분히 시간을 준다면 이런 경험을 통해 낮 동안에는 기저귀를 차지 않으려고 할 것이다.

따라서 부모가 애써 아이에게 배변 습관을 가르칠 필요가 없다. 물론 이 경우에도 아이가 스스로 할 수 있는 조건을 마련해 주는 것이 가장 중요하다.

편집장인 슈나이더의 이야기를 들어 보자. 그에게는 니콜이라는 딸이 있었다. 아이는 생후 1년 6개월이 넘도록 그런 기회를 가져 보지 못했다.

"낮에 니콜은 오줌이 마려울 때 변기를 달라고 했다. 하지만 항상 그런 건 아니었고 어쩌다 한 번씩이었다. 그러다가 여름이 되어 온 식구가 해변으로 휴가를 떠났다. 당시 니콜의 나이는 두 살 반이었다. 그곳에서는 당연히 온종일 해변에서 벌거벗고 뛰어 놀았다. 그러는 동안 니콜은 난생 처음으로 배변이라는 자연 현상을 의식적으로 체험하게 되었다.

한 번은 해변에서 니콜이 대변을 보았다. 이른 시간이라 사람들이 많지 않았다. 니콜은 오랫동안 햇볕을 받으며 그 앞에 쪼그리고 앉아서 자기가 싼 대변을 관찰하였다. 그러더니 우리를 데려와 '이걸 파묻을래요.' 라고 말했고 실제로 그렇게 했다.

휴가가 끝나자 가만히 내버려두어도 더 이상 기저귀가 필요 없게 되었다."

"청결 민감기"가 존재한다는 사실은 70년대 엘리자베스 데사이(Elisabeth Dessai)가 보고한 "자연 배변법"의 체험에서도 알 수 있다(데사이 1975).

데사이의 "자연 배변법"은 한 농부 아낙을 통해 탄생한 것이었다. 그녀는 한 살배기 아이에게 기저귀도 채우지 않고 방안을 돌아다니도록 내버려두었다. 그러다가 아이가 방바닥에 대변을 보면 태연스럽게 종이를 가져와 대변을 치우고 걸레로 그자리를 훔쳤다. 놀란 데사이가 물었더니 농부 아낙은 이렇게 대답했다. "20개월만 지나면 스스로 알아서 할 텐데 뭐하러 돌도 안 지난 애한테 억지로 시킵니까?"(데사이 1975, 18쪽)

엘리자베스 데사이는 이 방법을 두 자녀에게 적용하여 성공을 거두었다.

또 인도의 한 마을에서 13개월을 살면서 엘리자베스 데사이는 이런 경험을 하였다. 그 동네 아이들은 1년 6개월만 지나면 집 안에서 배변을 하지 않았다. "어린아이들은 팬티만 입고 돌아다녔다. 가난한 인도 소작인들 집에 화장실이 있을 리 만무했다. 사람들은 들판이나 숲으로 가곤 했다……. 마을 아이들은…… 멀리 떨어진 들판까지는 못 갔지만 가까운 정원에 쪼그리고 앉아 볼일을 보았다"(데사이 1975, 18/19쪽).

『그렇게 아이들은 배변을 가린다』의 공동 저자인 군힐트 그림(Gunhild Grimm)과 잉가 보덴부르크(Inga Bodenburg)는 엘리자베스 데사이의 "자연 배변법"을 시험해 본 한 베를린 여자의 체험담을 인용하였다. "멜라니는 4월 18일에 태어났어요. 태어나자마자 금방 여름이 찾아와 젖먹이 때부터 기저귀를 채우지 않았죠.

다음해 여름에 또 벌거벗긴 채 돌아다니도록 내버려뒀지요. 그랬더니 소변이 다리를 타고 흘러내리자 불쾌하다는 사실을 알게 되었지요. 그래서 변기를 주었더니 소변이 마려울 때마다 거기에 앉더라고요. 그렇게 해서 16개월부터 배변을 가렸지요. 하지만 겨울이 되자 너무 추워 기저귀를 채우지 않고는 아이를 밖에 데리고 나갈 수가 없었어요, 아이도 계속 참고 있지를 못했고요. 1년 6개월 된 아이는 오래 참고 있을 수가 없지요. 그래서 밖으로 나갈 땐 아이에게 다시 기저귀를 채웠어요. 그랬더니 자연스럽게 다시 퇴보를 하더군요. 하지만 3월이 되어 날씨가 따뜻해지자 아이는 며칠 안 되어 금방 배변을 가렸어요. 두 살이 되었을 때는 기저귀를 완전히 뗐지요"(그림 1985, 63쪽).

아이가 청결 민감기를 스스로 인식할 수 있게 하려면 기저귀를 채워 신체 현상의 인식을 막아서는 안 된다. 그러므로 아이가 벗고서 뛰어 놀 수 있는 해변에서 오랜 시간 휴가를 즐기는 것이 우리 문화에서는 최고의 전제 조건이다. 그렇게 되면 아이는 "기저귀 떼기"를 "스스로 할" 수 있다. 사실 "자연 배변법"은 대부분의 부모에게 부담스러운 방법이다.

우리는 모범

제목을 이렇게 붙였다고 해서 아이에게 모범이 되도록 늘 조신하게 행동하자고 설교하려는 것은 아니다.

따뜻한 마음과 날카로운 분석력을 겸비했던 마리아 몬테소리는 구체적인 행동을 하고자 하는 아동의 욕구가 어른의 모방에 뿌리를 두고 있음을 간파하였다.

아이들은 우리처럼 되고 싶어한다. "더 크고" 싶어하고, 우리가 하는 것을 눈으로 직접 보기 때문에 하고 싶어한다.

마리아 몬테소리의 말을 들어 보자. "아동에게 어른은 가장 중요한 애정의 대상이다. 아동은 어른에게서 삶에 필요한 사물을 얻고, 어른에게서 정신 발달과 교육에 필수적인 요소들을 넘겨받는다. …… 어른은 아이에게…… 인간은 어떻게 움직이고 행동하는가를 행동으로 보여 준다. 어른을 모방하는 것은 삶 속으로 들어서는 것과 같은 의미인 것이다"(몬테소리, 『아이들은 다르다』, 145쪽. 이해를 돕기 위해 우리가 약간 수정했다. 저자).

그러므로 어른의 행동을 모방하는 것은 아동에게 가장 중요하고 실질적인 발전의 동력이다.

아동의 이런 학습 행동은 처음에는 느리고 서투르다. 앞에서 살펴보았듯이 장애와 조급함, 몰이해, 거기서 나온 "도움"에 끊임없이 부딪히게 된다. 하지만 이런 "도움"은 사실 도움의 정반대, 즉 학습 발전의 장애를 의미할 뿐이다.

아동이 옷을 입든 구두 끈을 묶든 어머니의 요리를 도와주려 하든, 이런 노력들이 얼마나 자주 서둘러 중단되고 마는가!

그런 아이들의 노력이 무익하고 헛된 짓 같아 보이므로 어른들이 짜증을 낸다는 사실은 이미 앞에서 언급했다. 마리아 몬테소리는 세계를 습득하려는 아동의 노력을 보며 우리가 느끼는 불쾌감과 거부 반응에 또 다른 이유가 있음을 파악하였다. 그것은 어른의 리듬이 아동의 동작과 그 방식이 매우 다르다는 것이다. "사람들은 자기 개인의 리듬을 유행 지난 옷을 버리고 새 옷을 입듯 그렇게 간단히 버릴 수가 없다. 동작 리듬은 신체의 형태처럼 개성의 일부이자 성격의 일부이므로 타인의 리듬에 적응해야 한다는 강제는 매우 치명적이다. 예를 들어 장애인과 나란히 걸어간다고 할 때 우리는 금방 일종의 압박감을 느낀다. 장애인이 유리잔을 천천히 입으로 가져갈 때 그 안에 든 액체가 금방이라도 쏟아질 것처럼 느낀다. 그 모습을 지켜보고 있으면 두 가지 동작 리듬의 심각한 충돌 탓에 우리 안에서 불쾌감이 일어난다. 우리는 이른바 '그를 도

자물쇠 쟁반: 아이들은 몇 시간씩 자물쇠와 열쇠에 몰두할 수 있다. 마리아 몬테소리가 개발한 "오리지널"은 아니지만 그녀의 의도에 충실한 교구로 손색이 없다. 이 섬세한 동작을 통해 아이의 두뇌와 손이 조화롭게 발전되며 그와 동시에 여러 감각이 사용된다.

와준다'는 명목 아래에 우리 자신의 리듬을 작동시킴으로써 이런 불쾌감을 털어 버리려고 한다. 아동을 대하는 어른의 태도도 이와 크게 다르지 않다. 어른은 무의식적으로 아동의 느린 동작을 저지하려고 한다"(몬테소리, 『아이들은 다르다』, 126쪽).

몬테소리는 어른들이 아동의 빠른 동작은 잘 견딜 수 있다는 사실을 파악하였다. "이 경우 어른은 활달한 아이가 주변 세계로 몰고 오는 무질서와 혼란을 감수할 준비가 되어 있다. 어른이 인내심을 발휘할 수 있는 경우인 것이다"(마리아 몬테소리, 『아이들은 다르다』, 127쪽).

몬테소리의 이 말은 진지한 경고이다. 아이가 발전하고 아이가 자립적으로 인생에 참여할 수 있도록 만들어 주는 모든 행동을 아이 스스로 연습하도록 여지를 마련해 주는 것이 쉬운 일은 아니다. 그러나 필수적이다.

이런 자립적인 학습과 행동이 그토록 중요한 것은 그를 통해 자의식이 발달되기 때문이다.

더구나 앞에서도 이미 말했듯 그런 **행동하는 학습**(88~91쪽을 참조할 것)을 통해 또 다른 학습을 위해 필수적 기초가 될 지능 구조가 형성된다.

외부 조건

아이가 혼자 힘으로 완전하고 건강하며 강하고 똑똑하고 정서적으로도 안정되고 다정하고 상냥하고 자의식이 강하면서 책임감 있는 인간이 될 수 있는 길을 닦아 주는 일은 이 세계에서 한 인간이 할 수 있는 가장 위대한 과업이다. 우주선을 구축하고 고층 빌딩을 짓고 저수지를 파고 태양력을 개발하는 것과 마찬가지로 중요한 일이다. 그렇다. 이것은 인간의 역사가 이루어 냈거나 앞으로 이루게 될 그 어떤 과업보다 더 위대하고 의미 있으며 중요하다. 피라미드를 쌓은 것보다, 달나라를 정복한 것보다, 아메리카 대륙을 발견한 것보다, 히말라야의 최고봉을 정복한 것보다, 〈전함 포템킨〉이나 〈쥐라기 공원〉 같은 뛰어난 영화를 만든 것보다 더 위대하다.

그런 중요하고 의미 있는 임무를 "곁다리"로 해결할 수 있다고 믿는 것은 큰 착오가 아닐 수 없다. 이런 위대한 임무를 해결하기 위해 부모—어머니 **못지않게** 아버지도—최대한의 시간을 투자해야 한다.

아이들이 아직 어리니까 부모가 직장에 다니거나 시험 준비를 하는 등 다른 일을 할 시간이 충분하다고 생각하는 사람이 종종 있다. 그렇지만 누가 샌프란시스코의 금문교를 다른 일을 하면서 "곁다리"로 지을 수 있다고 생각하겠는가? 누가 『부덴부르크 일가』[20]를 곁다리로 쓸 수 있다고 생각하겠는가?

아무도 그렇게 생각지 않을 것이다. 두 가지 일 중 하나는 소홀히 할 수밖에 없다. 그런 환경 때문에 아동이 자기 개발의 여지를 충분히 얻지 못하는 경우가 얼마나 잦은가!

물론 시간만으로는 충분하지 않다.

다음 세대를 위해 환경을 준비하는 일도 중요하다.

여기서는 몇 가지만 지적하도록 하겠다.

아이가 기어다니게 되자마자 비싼 꽃병이나 아빠의 레코드를 만지지 말라고 야단 치는 부모들은 그야말로 **자격 미달**이다.

가정의 준비된 환경이란 생후 1년 미만의 아이가 모든 것을, 행동 반경 안에 있는 모든 것을 만지고 잡고 맛보고 냄새 맡고 시험하고 떨어뜨려 볼 수 있는 환경이다.

요즘엔 아이의 키에 맞춘 아동용 가구가 따로 있다. 그래서 마리아 몬테소리가 이런 아동용 가구를 보급하기 위해 얼마나 오랫동안 피나는 투쟁을 벌여야 했던가 하는 것은 아무도 상상할 수 없을 것이다.

하지만 요즘도 아이의 모방 충동이 유익하며 아이에게는—

---

20) 옮긴이 주: 독일의 소설가 토마스 만(1875~1955)의 첫 장편. 부덴부르크 일가 3대에 걸친 대걸작(1900). 예술적인 성향이 사업의 실제성을 추구하는 후대 가족들과 어떻게 상충되고 그들의 삶의 활력을 어떻게 침해하는지를 보여 준다. 만은 이 작품으로 노벨상을 수상했다(1929).

자기 방이나 부엌에서 모방하거나 어른과 같이 해 볼 수 있도록—아이에게 맞는 작업 도구나 식기를 마련해 주어야 한다고 생각하는 사람은 그리 많지 않다.

직접 교구 만들기

우리가 앞서 소개했던 교구 중에는 각 가정에서 직접 만들 수 있는 것들도 많다.

예를 들어 단추 틀(194쪽을 참조할 것)이나 소리통이 그것이다. 사진 속의 소리통(183쪽)도 빈 약통을 이용해 직접 만든 것이다. 앞의 교구를 자세히 살펴보면 집에서 만들 수 있는 것이 상당히 많음을 알게 될 것이다.

여기에 실린 사진 속의 자물쇠 쟁반은 마리아 몬테소리의 방법에 따라 새롭게 개발한 교구이다. 여러 종류의 자물쇠와 그것에 맞는 열쇠로 아이에게 맞추어 열어 보라는—어린이 집의 실습에서 보였던 것과 같이—강한 암묵적 요구를 할 수 있다. 아이는 자물쇠를 열었다 잠갔다 하는 과정을 계속 반복할 것이다.

또 다른 개발 교구로 자석 쟁반을 들 수 있겠다(250쪽을 참조할 것). 사진 속 쟁반 옆에 놓인 손톱 솔을 유의해서 보면 그것은 분명히 플라스틱으로 만든 것이다. 자석을 이용한 연습은 자석에 붙지 않는 물체도 같이 섞어 놓아야 한다. 그렇게 해야 아동은 강한 도전 의식을 느껴 이 물건들을 오랫동안

자석 쟁반: 마리아 몬테소리의 원칙에 따라 개발한 이 교구는 일상 생활에서 쉽게 목격할 수 있는 우리 주변 세계의 현상을 체험할 수 있는 기회를 제공한다. 어린이 집에서 자석이 강한 인력으로 금속제 물건을 끌어당기는 것만이 아니라, 아이들은 시도하고 사용해 볼 수 있다는 가능성에 흥미를 느낀다. 그래서 아이디어와 발견은 "몬테소리풍" 정신 속에서 계속 새롭게 발견된다. 아이들은 너나할 것 없이 진지하며 몬테소리가 했던 방식을 인지하고 그녀가 아이들을 위해 했던 것, 그녀의 연구와 활동이 가치 있음을 이러한 맥락에서 발견한다.

가지고 놀게 되고 그로써 직접 체험을 하게 된다.

촉각판도 직접 만들 수 있다. 아이들은 그 속에서 질감이 같은 짝을 찾아낸다.

결론

앞에서 여러 번 말했듯이, 우리의 임무는 위대하고 숭고하다. 하지만 우리는 모두 아직 준비가 덜 되어 있다.

직접 만든 촉각판: 질감이 다른 여러 개의 판을 만지다가 같은 질감의 짝을 찾아낸다. 여러 종류의 사포와 크기가 맞는 나무판만 있으면 가정에서도 손쉽게 만들 수 있다.

그러므로 어쩔 수 없이 실패를 하게 될 것이다.

그렇다고 실망하거나 체념하거나 의심하거나 자신을 비난할 이유는 없다.

언제나 실패는 우리가 노력하고 있다는 증거이다.

"많이 행하는 사람은 실패를 많이 한다. 적게 행하는 사람은 실패를 적게 한다. 아무것도 하지 않는 사람은 어떠한 실패도 하지 않는다"는 격언도 있지 않은가.

우리 아이들을 쳐다보자. 아이들은 공든 탑이 무너졌다고 그대로 주저앉아 버리지 않는다.

아이들을 보고 배우자. 우리 아이들은 그만큼의 노력을 기울일 가치가 있는 존재들이다.

참고 문헌

Böhm, Winfried (Hrsg): Maria Montessori. Texte und Diskussion, Klinkhardt, Bad Heilbrunn 1978

Dessai, Elisabeth: Kinderfreundliche Erziehung in der Stadtwohnung, Fischer Taschenbuch Verlag, Frankfurt/ Main 1975

Dreikurs, Rudolf, Grey, Loren: Kinder lernen aus den Folgen, Herder, Freiburg 1973

Esser, Barbara, Wilde, Christiane: Montessori-Schulen, Rowohlt Taschenbuch Verlag, Reinbek 1989

Fuchs, Birgitta, Harth-Peter, Waltraud (Hrsg): Montessori-Pädagogik und die Erziehungsprobleme der Gegenwart, Königshausen & Neumann, Würzburg 1989

Funkkolleg Pädagogische Psychologie: Heinz Heckhausen und Hellgard Rauh, Studienbegleitbrief 3, Beltz Verlag, Weinheim und Basel 1972

Geßlein, Ingrid u. a.: Das Mathematikmaterial. Verlag für Montessori-Materialien, Marktbreit o. J.

Geßlein, Ingrid u. a.: Das Sinnesmaterial. Verlag für Montessori-Materialien, Marktbreit o. J.

Geßlein, Ingrid u. a.: Das Sprachmaterial. Verlag für Montessori-Materialien, Marktbreit o. J.

Geßlein, Ingrid u. a.: Das Tägliche Leben. Verlag für Montessori-Materialien, Marktbreit o. J.

Grimm, Gunhild/ Bodenburg, Inga: So werden Kinder sauber. Rowolt Taschenbuch Verlag, Reinbek 1985, 26.-28. Tausend 1997

Hainstock, Elisabeth: Montessori zu Hause. Die Vorschuljahre, Hyperion, Freiburg 1971

Hechinger, Fred M: Vorschulerziehung als Förderung benachteiligter Kinder, Klett, Stuttgart 1970

Heiland, Helmut: Maria Montessori mit Selbstzeugnissen und Bilddokumenten, Rowolt Taschenbuch Verlag, Reinbek 1991

Katalog der Firma Nienhuis Montessori, Zelhem/ Niederlande 1996

Kramer, Rita: Maria Montessori, Fischer Taschenbuch Verlag, Frankfurt/ Main 1995

Mager, Robert F.: Motivation und Lernerfolg, Beltz, Weinheim 1970

Mager, Robert F.: Verhalten, Lernen, Umwelt, Beltz, Weinheim 1972

Montessori, Maria: Das kreative Kind. Der absorbierende Geist, hrsg. v. Paul Oswald, Günter Schulz-Benesch, Herder, Freiburg, 11. Aufl. 1996

Montessori, Maria: Dem Leben helfen, hrsg. u. eingel. v. Günter Schulz-Benesch, Herder, Freiburg 1992

Montessori, Maria: Die Entdeckung des Kindes, hrsg. u. eingel.

v. Paul Oswald und Günter Schulz-Benesch, Herder, Freiburg, 13. Aufl. 1997

Montessori, Maria: Die Macht der Schwachen, eingel. u. hrsg. v. Paul Oswald und Günter Sculuz-Benesch, Herder, Freiburg, 1989

Montessori, Maria: Erziehung zum Menschen—Montessori-Pädagogik heute, Fischer Taschenbuch Verlag, Frankfurt/ Main 11. Aufl. 1996

Montessori, Maria: Gott und das Kind. Grundgedanken: Gott und das Kind. Religiöse Erziehung: Buchauszüge und Kursusvorträge. Unbekannte Texte aus dem Nachlaß, hrsg. u. eingel v. Günter Schulz-Benesch, Herder, Freiburg 1995

Montessori, Maria: Grundgedanken der Montessori-Pädagogik, Zusammengestellt von Paul Oswald und Günter Schulz-Benesch, Herder, Freiburg, 15. Aufl. 1997

Montessori, Maria: Grundlagen meiner Pädagogik und weitere Aufsätze zur Anthropoligie und Didaktik, bes. u. eingel. v. Michael Berthold, Quelle & Meyer, Heidelberg—Wiesbaden, 8. Aufl. 1996

Montessori, Maria: Kinder lernen schöpferisch. Die Grundgedanken für den Erziehungsalltag mit Kleinkindern, hrsg. u. erklärt v. Ingeborg Becker-Textor, Herder, Freiburg, 5. Aufl. 1996

Montessori, Maria: Kinder sind anders. Il Segreto dell' Infanzia, Ullstein, Frankfurt—Main—Berlin—Wien 1980

Montessori, Maria: Kosmische Erziehung, hrsg. u. eingel. v. Paul Oswald und Günter Schulz-Benesch, Herder, Freiburg, 2. Aufl. 1996

Montessori, Maria: Psychoarithmetik. Pisco Artimética—Die Artihmetik dargestellt unter Berücksichtigung kinderpsychologischer Erfahrungen während 25 Jahren, Vorw. v. Giuliana Sorge, Harold Baumann, hrsg. v. Harold Baumann, paeda media, Thalwil 1989

Montessori, Maria: Schule des Kindes—Montessori-Erziehung in der Grundschule, hrsg. u. eingel v. Paul Oswald, Günter Schulz-Benesch, Herder, Freiburg, 6. Aufl. 1997

Montessori, Renilde, Schneider-Henn, Karin: Uns drückt keine Schulbank. Montessori-Erziehung im Bild, Klett-Cotta, Stuttgart 1983

Piaget, Jean, Inhelder, Bärbel: Die Psychologie des Kindes, Fischer Taschenbuch Verlag, Frankfurt/ Main 1977

Piaget, Jean: Theorien und Methoden der modernen Erziehung, Fischer Taschenbuch Verlag, Frankfurt/ Main 1974

Piaget, Jean: Gesammelte Werke, Band 1—10, Studienausgabe, Klett Verlag, Stuttgart 1975

Radigk, Werner: Andi entwickelt psychische Grundleistungen, Scriptor, Königsten/ Ts. 1982

Radigk, Werner: Andi erlernt das Lernen, Scriptor, Königsten/ Ts. 1982

Radigk, Werner: Andi erlernt das Lesen, Scriptor, Königsten/ Ts. 1982

Radigk, Werner: Wie Andi das Sprechen lernt, Scriptor, Königsten/ Ts. 1982

Schulz-Benesch, Günter: Montessori, Wissenschaftliche Buchgesellschaft, Darmstadt 1980

Sennlaub, Gerhard: Spaß beim Schreiben oder Aufsatzerziehung? Kohlhammer, Stuttgart, Berlin, Köln, Mainz 1980

Speichert, Horst: Richtung üben macht den Meister, Rowohlt Taschenbuch Verlag, Reinbek 1985

Standing, E.M.: Maria Montessori. Leben und Werk, hrsg. v. Paul Scheid, Finken, Oberursel o. J.

Stendler-Lavatelli, Celia: Früherziehung nach Piaget, Reinhardt, München 1976

Vester, Frederic: Denken, Lernen, Vergessen (23. neuüberarbeitete Auflage), dtv, München 1996

Wild, Rebeca: Erziehung zum Sein, Arbor Verlag Ulrich Valentin, Freiamt, 4. Aufl. 1990

Wild, Rebeca: Sein zum Erziehen, Arbor Verlag Ulrich Valentin, Freiamt 1991

Wild, Rebeca: Freiheit und Grenzen—Liebe und Respekt, Arbor Verlag Ulrich Valentin, Freiamt 1998

옮긴이의 말

아이를 키우든 키우지 않든, 몬테소리라는 이름을 들어 보지 않은 사람은 아마 없을 것이다. 온갖 놀이 기구와 첨단 교육 프로그램을 갖춘 유치원에서부터 인터넷 사이트에 소개되어 있는 유아용 장난감에 이르기까지, 몬테소리를 빙자(?)하거나 혹은 본받으려는 교육 시스템이 우리 나라에 적지 않은 탓이리라.

하지만 정작 몬테소리라는 여자가 어떤 사람이었으며 어떤 삶을 살았는지, 도대체 어떤 업적을 이루었길래 이 동양의 먼 나라에까지 이름이 알려져 있는지 아는 사람은 많지 않다. 더구나 그녀가 여의사의 존재 자체를 상상조차 할 수 없었던 시절, 여자의 몸으로 교황에게 청원까지 해 가면서 이탈리아 최초의 의대생이 되었다는 사실을 아는 사람은 거의 없을 것이다.

그런 선구적인 여성의 발자취를 더듬어 본다는 점에서 이 책은 쏠쏠한 재미를 선사할 것이다. 평범하고 편안한 길을 거부하고 기술 공부에 이어 의학을 전공하고, 거기서 멈추지 않고 가난한 사람들, 특히 아이들 곁으로 다가가기까지 한 여성의 삶을 짧게나마 소개해 주고 있으니 말이다. 죽는 날까지 쉬지 않고 아이들의 보다 나은 삶을 위해 노력했던, 치열했던 그녀의 생을 돌아보며 한 인간의 아름다운 발자취를 좇는 것도 의미 있는 일이다.

본격적으로 2부에서는 몬테소리 교육학의 학문적 배경을 현대 심리학의 이론과 연계하여 소개하고 있다. 이는 아이들의 자발성과 독립성을 중요하게 생각한 몬테소리의 교육 이념을 이루는 정신적 배경인 셈이다. 아이들의 의지에 상관없이 무조건적으로 교육하던 시대에, 아이들의 역할과 활동의 중요성을 강조한 여러 학자들의 이론도 아울러 간략하게 소개되어 있다.

3부에는 몬테소리가 직접 개발하여 아이들에게 사용하게 하거나 함께 가지고 작업했던 여러 가지 교구들이 소개되어 있다. 단순한 지식의 습득보다는 아이들의 감각을 활성화시키고 자발성을 유도하여 실생활과 연계된 살아 있는 교육을 주장한 그녀답게 감각적 교구들이 첫 번째 자리를 차지한다. 그 다음 실생활 교육이 이어지고, 수학 교육과 언어 교육에 필요한 교구들이 뒤를 따른다.

몬테소리 교구들이라고 하니 무슨 특별한 교구인가 보다고 생각하며 미리 겁먹는 독자들이 있을지도 모른다. 그럴 필요는 전혀 없다. 몬테소리의 교구들은 우리 주변에서 흔히 찾을 수 있는 간단한 소재들로 이루어져 있어 가정에서도 손쉽게 만들 수 있다. 예를 들어 "소리통" 같은 교구는 재활용 깡통 안에 각 가정에서 굴러다니는 단추, 주사위, 구슬 등을 집어 넣은 다음 색종이를 잘라 깡통의 입구를 막으면 완성된다. "씨앗 쟁반" 같은 교구는 봄에 아이들과 함께 봉숭아나 채송화 같은 꽃의 씨앗을 뿌리고 남은 것들을 작은 그릇에 담으면 된다. 눈을 가리고 어느 씨앗들이 같은가 알아보는 것은 학습이자 즐거운 놀이가 될 것이다. 나아가 "실제 생활 연습" 장은 손 씻기, 구두 닦기 등 생활 그 자체를 교육의 기회로 활용할 수 있는 방법을 가르쳐 준다.

몬테소리가 우리에게 남긴 교훈은 이런 교구의 단순한 활용에 머물지 않는다. 물론 몬테소리 교구의 탁월한 교육적 효과는 충분히 인정할 만하다. 하지만 그녀가 우리에게 진정으로 들려주고 싶었던 말은 아이들을 살아 있는 인격체로 인정하고 그들의 자발성과 의지를 최대한 존중하라는 호소였을 것이다. 아이를 잘 키우고 싶은 욕심이야 어느 부모가 뒤처지겠는가? 다만 과욕이 도리어 독이 될 수 있다는 진리를, 아이의 "자유 의지"를 받들어 주기 힘든 우리의 교육 현실에서 몬테소리는 다시 한 번 일깨워 주는 듯하다.

2005년 봄
장혜경

부록: 마리아 몬테소리 연보

1870   8월 31일, 이탈리아 안코나 근처 키아라발레에서 태어
        남. 아버지는 고급 공무원인 알레산드로 몬테소리, 어
        머니는 부유한 지주의 딸인 레닐데 스토파니.

1883   기술 학교인 레기나 스쿠올라 테크니카 미켈란젤로 부
        오나로티에 입학함. 수학 성적이 탁월했음.

1890   로마 대학에 입학하여 물리학, 화학, 자연 과학을 공부함.

1892   의학을 공부할 수 있는 자격 시험에 이탈리아 여성 최초로
        합격. 가을에 본격적으로 의학을 전공함.

1895   산토 스피리토 병원의 조교 자리를 얻음.

1896   『추적 망상 연구에 대한 임상 기고』라는 논문으로 이탈
        리아 여성 최초로 의학 박사 학위를 받음.
        9월 말에 베를린에서 개최될 국제 여성 회의의 이탈리아
        대표로 만장 일치로 선출됨. 회의에서 두 차례에 걸친
        강연을 통해 이탈리아 여성의 위상을 드높임.
        11월 산토 스피리토 병원의 외과 조교로 임명됨.
        같은 해 말 『라이덴병이 기관지 천식에 미치는 영향』이
        라는 첫 번째 논문을 발표함.

1897   로마 대학 정신과 임상 진료소에서 보조 의사가 됨. 몬
        테사노 박사를 알게 되는 한편 루소, 페스탈로치, 프뢰
        벨, 로드리게스의 교육 이론서들을 탐독했고(~1898)
        정신 지체아 교육에 관해 이타르와 세강의 저서들을

공부함(~1909)

1898 　이탈리아 전국 정신 지체아 교육 연맹 건립. 몬테소리의 활동을 뒷받침하게 됨.
　3월 31일, 아들 마리오 태어남. 시골의 유모가 양육함.
　『사회의 폐해와 학문의 새로운 발견』을 〈로마〉지에 발표함.
　9월 투린에서 개최된 전국 교육가 대회에서 '정신 박약아'에 대해 강연함.

1899 　여성 교사 양성 기관인 레기오 인스티투토 수페리오레 디 마기스테로 페미닐레에서 위생학과 인류학을 강의함. 개인 병원도 개원함.

1900 　정신 지체아 교사 양성 학교 건립. 몬테소리는 교장직을 수락함. 이곳에서 정신 지체아를 위한 교육 연구, 교구 개발 및 실험 등을 전개함.

1901 　교장직에서 물러난 뒤 다시 로마 대학으로 가서 인류학, 교육 철학, 위생학, 실험 심리학 등을 공부함.

1902 　나폴리에서 열린 제2차 전국 교육가 대회에서 정신 지체아에 관한 그 동안의 연구 결과를 발표함.

1904 　로마 대학에서 인류학 교수 역임(~1908).

1907 　6월 1일, 로마 빈민가 지역 산 로렌조에서 최초의 카사 데이 밤비니(어린이 집)를 개원함. 여기서 '준비된 환경'이라는 아이디어를 실천하고, 자신이 고안한 감각 교구를 처음으로 정상아들에게 적용함.

1909 　첫번째 저서 『유아기의 자립적인 교육』이 출간됨. 병원 운영보다 교사 양성에 전념함.

1913   바르셀로나에 '교회 안의 어린이 집'을 설립함. 이곳은 1915년부터 몬테소리의 활동 본거지가 됨.

1915   아들 마리오와 함께 미국으로 강연 여행을 떠남.

1919   암스테르담, 파리, 로마, 밀라노, 나폴리, 베를린 등지로 강연 여행을 떠남(~1922).

1926   오스트리아 빈에 몬테소리 연구소를 설립함. 파시스트가 정권을 잡으면서 이탈리아에 있는 그녀의 학교는 폐교되고, 독일과 오스트리아에서 그녀의 책은 분서됨.

1929   아들 마리오와 함께 베를린에 국제 몬테소리 협회 설립함.

1936   스페인 내전의 시작으로 바르셀로나를 떠남.

1939   인도에서 체류. 짧은 억류 기간을 거쳐 자유롭게 강연을 하며 타고르가 세운 학교 샨티니케탄(평화의 집)과 돈독한 관계를 맺음.

1946   유럽으로 돌아와 네덜란드에 체류함. 지속적인 강연 여행으로 국제적인 명성을 얻음.

1950   노르웨이와 스웨덴으로 강연 여행을 떠남.

1952   5월 6일, 네덜란드 노르트봐익 안 제에서 세상을 떠남. 그곳의 가톨릭 묘지에 안장됨. 묘비에는 "사랑하는 아이들이 모두 이 세상에서 평화를 이루기 위해 나와 함께할 수 있기를 바란다"고 쓰여 있음.